JN216946

マンガで身につく
フレームワーク（framework）の使い方がわかる本

生産性が劇的に高まる最強の仕事術

永田豊志 著
かんようこ 作画

はじめに

かつて「総中流層」と言われた日本ですが、現在では富裕層と貧困層の格差が激しくなっています。ビジネスの世界においても、独自の知識やノウハウを持ち、予算の潤沢な大手企業や富裕層を相手にするビジネスは儲かり、お決まりのルールにしたがって行う、いわゆるルーティンワークは、近い将来、人工知能に置き換わられるのではないか、と言われています。

しかし、自分の頭で考え、新しい価値を生み出す人は、決して機械に取って代わられることはありません。そうした人は、いつまでも輝き、仕事を楽しみつつ、充実した人生を歩むことができるでしょう。誰もがそうなりたい、と願っているはずです。

そこで、必殺技のフレームワークです。

フレームワークは、思考の枠組み、考え方のテンプレートです。テンプレートですから、誰でも同じように使うことができます。しかも無料です。

これまでは、情報収集した後で、「ああでもない、こうでもない」とデータを整理していた人も少なくないと思いますが、フレームワークを使えば、最初に解決したい問題を決め、そのために必要なフレームワークを選び、必要な情報だけを手順に従って整理していくというプロセスになります。つまり、ゴールとなるアウトプット（成果）から逆順で、考えていくことになります。こうすることで、無駄のない、効率的な仕事ができますし、アウトプット（提案資料やアイデア）にブレが生じなくなります。

フレームワークは、たくさん覚えればいい、というものではありません。また、暗記すればいい、というものでもありません。皆さんの仕事の現場で、シチュエーションや目的に合わせて、適切なフレームワークを選び、実際に活用してみることが何より大事です。

本書はフレームワークが持つ、複雑なイメージを払拭し、読者の皆さんが日常的な仕事で使いこなせるようにマンガでやさしくかみくだいた内容になっています。誰もがその使い方を理解でき、仕事を効率的に進めるガイド役となってくれることでしょう。本書によって、皆さんの仕事がより速く、質が高く、楽しいものとなることを祈っています。

２０１７年2月

永田豊志

◎時間管理のマトリックス

	緊急	緊急ではない
重要	第1領域 問題・課題の領域 ●締め切りのある仕事・会議 ●クレーム処理 ●壊れた機械の修理 ●危機や災害 ●差し迫った問題 ●病気や事故	第2領域 質の高い領域 ●豊かな人間関係作り ●将来に向けた準備や計画 ●予防やリスク対策 ●価値観の明確化 ●勉強や自己啓発 ●真の意味でのレクリエーション
重要ではない	第3領域 見せかけの領域 ●さまざまな妨害・邪魔 ●重要でない電話 ●重要でない会議 ●重要でない差し迫った問題 ●突然の来訪 ●無意味な接待や付き合い	第4領域 無駄な領域 ●噂話などの暇つぶし ●とりとめのないだらだら電話 ●目的のないテレビ視聴 ●何もしない移動時間 ●何もしない待ち時間

STEP 1

事業・プロジェクトがうまくいく！フレームワーク

STEP 2 プレゼン・資料の説得力が上がる！フレームワーク&チャート

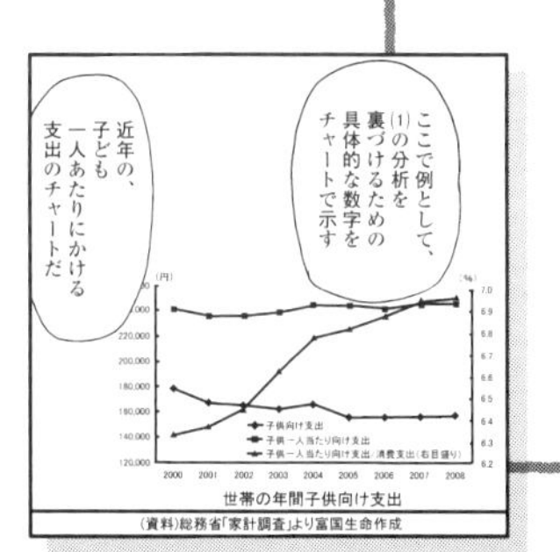

ここで例として、(1)の分析を裏づけるための具体的な数字をチャートで示す
近年の、子ども一人あたりにかける支出のチャートだ
世帯の年間子供向け支出

(資料)総務省「家計調査」より富国生命作成

STEP 3 マーケティングに成功する！フレームワーク〈基本編〉

STEP 4 市場と顧客をつかむ！フレームワーク〈応用編〉

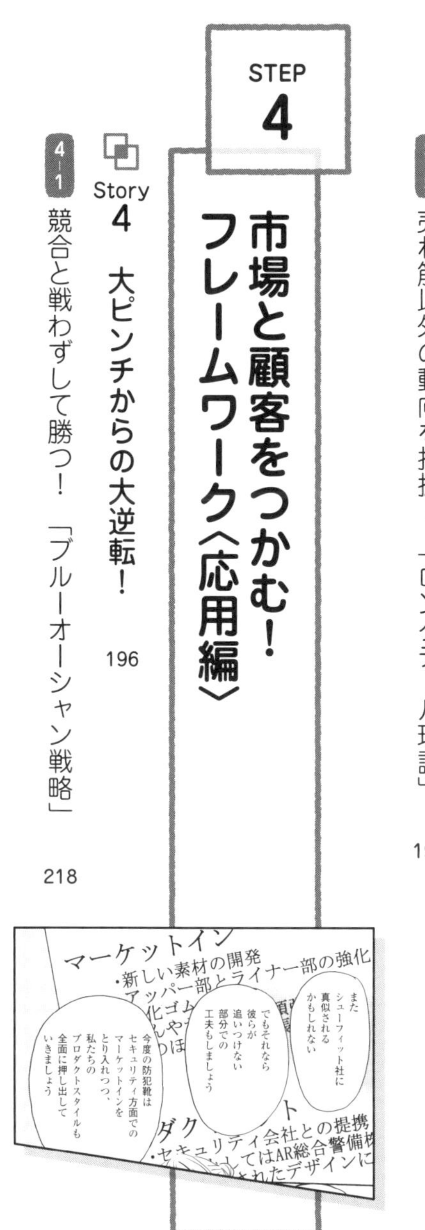

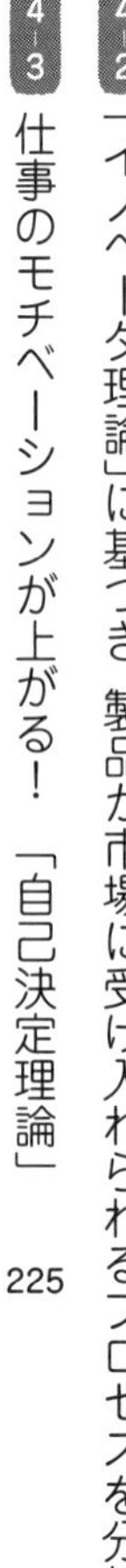
なるほど、新規事業のマトリックスか
すでにあるチップ入り運動靴で新しい領域を狙うんだな
はい！

登場人物紹介

枠井(わくい)あゆみ

老舗シューズメーカー「エヴァーロード株式会社」に入社して5年目の28歳。
学生時代に陸上部で、エヴァーロードの靴を愛用していた。
大好きなメーカーで、自分の企画した靴を作りたいと思い入社した。だが、新人の企画が通るはずもなく、雑用や日常業務に明け暮れ、気が付けば5年が過ぎていた。
会社は経営状況が芳しくなく、社運をかけたプロジェクトがスタートするが、誰もやりたがらず、あゆみに任されることになった。
しかし、何をやっていいかわからず途方に暮れていたところに、永沢と、フレームワークという武器に出合う。
あゆみはプロジェクトを成功させることができるのか？　そして会社の命運はいかに――。

永沢(ながさわ) 豊(ゆたか)

フレームワークを駆使してあゆみを導く謎の人物。
あゆみがプロジェクトを任されたものの、何をやってよいのか見当もつかず、途方に暮れていたところに現れる。
最初はずけずけとものを言う口の悪い男かと思われたが、何をすべきか的確に助言してくれたことであゆみの信用を得る。
その後、あゆみのプロジェクトをフレームワークを活用することで問題点を整理し、解決策を導き出す手助けをする。

守田剛士(もりたたけし)

あゆみの大学時代の陸上部メンバー。学生時代からあゆみのことを好きだったが言い出せずにいた。
しかし、久しぶりに陸上部の集まりであゆみに出会い、勇気を出して告白し、付き合うことになる。
あゆみのことをあたたかく見守り支えてくれる頼もしい彼氏。綜合警備会社勤務。

STEP 0

フレームワークって何だろう？

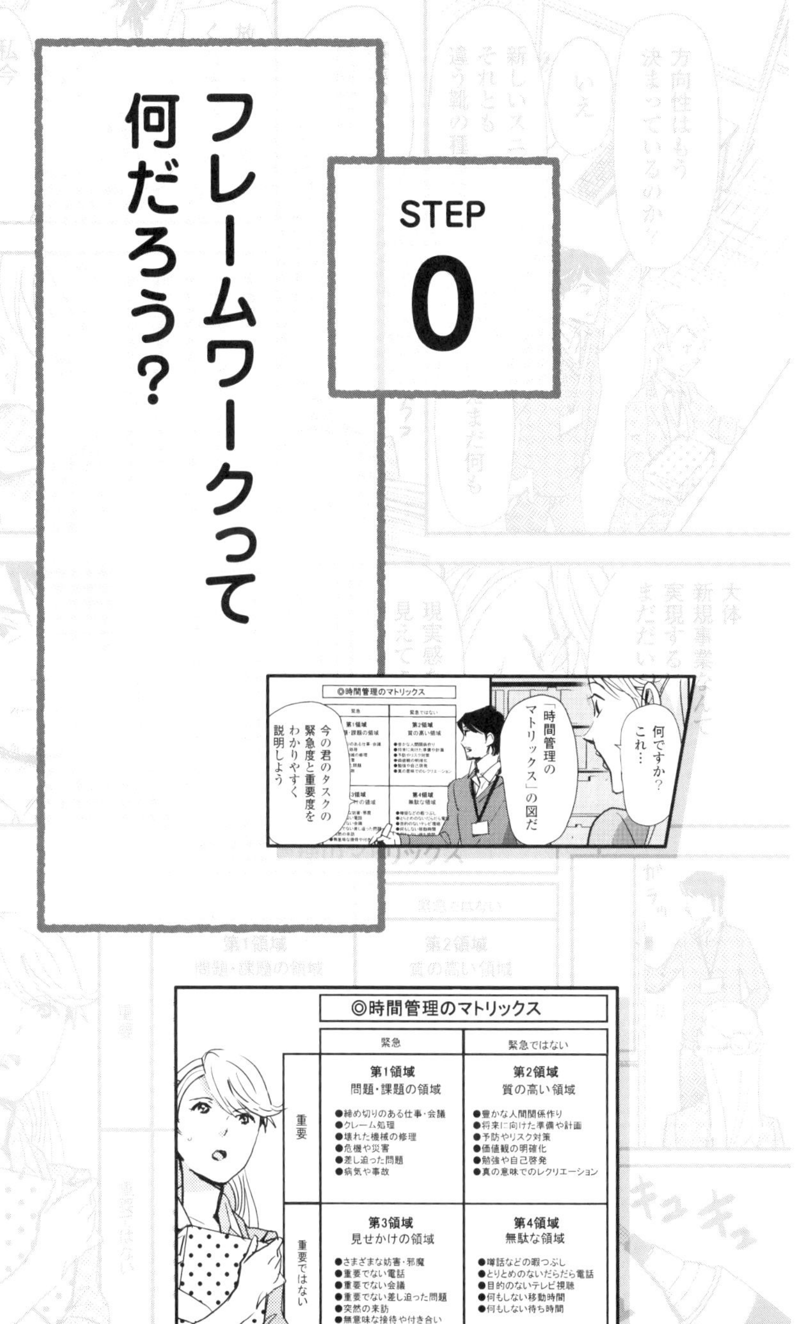

◎時間管理のマトリックス

	緊急	緊急ではない
重要	**第1領域** 問題・課題の領域 ●締め切りのある仕事・会議 ●クレーム処理 ●壊れた機械の修理 ●危機や災害 ●差し迫った問題 ●病気や事故	**第2領域** 質の高い領域 ●豊かな人間関係作り ●将来に向けた準備や計画 ●予防やリスク対策 ●価値観の明確化 ●勉強や自己啓発 ●真の意味でのレクリエーション
重要ではない	**第3領域** 見せかけの領域 ●さまざまな妨害・邪魔 ●重要でない電話 ●重要でない会議 ●重要でない差し迫った問題 ●突然の来訪 ●無意味な接待や付き合い	**第4領域** 無駄な領域 ●噂話などの暇つぶし ●とりとめのないだらだら電話 ●目的のないテレビ視聴 ●何もしない移動時間 ●何もしない待ち時間

Story 0
えっ、新規事業の立ち上げ!?
エヴァーロード
株式会社
新しい靴開発の新規事業かあ
枠井あゆみ
（28）
入社5年目
わが社の社運がかかった新規事業だ
頼んだよ枠井さん
えっ!?
絶対、ほかの誰もやりたがらなかったんだ
あ〜今日中にお客様アンケートの結果をまとめなきゃいけないのに
う〜ん
キュッ
キュッ
でも確かに最近ウチの会社の運動靴の売上は、右肩下がりだ
海外の安いメーカーやキャラクターつきの商品にどんどん押されてー
資料室
ウチは老舗だし
技術力では負けてないと思うんだけど
ガチャ

な…
警備員さん〜〜！
倉庫に不審者がっ
ほら社員証!!
あっ社員の永沢だ！
…ほんとだ
スミマセン
永沢 豊
で、君は？
ふあ〜っ
枠井です
こんなところに何の用だ
ながさわ ゆたか
永沢 豊
(38)
え？ あの、資料を探しに
わかってるって理由を聞いてるんだ
新規事業？
はい 新しい靴を作るんです
それで資料室に手がかりを求めて来たってわけか
ええ、まあ

方向性はもう決まっているのか？
いえ
新しいスニーカー？それとも違う靴の種類に？
いえまだ何も
事業の計画書は――
いらっ
―あのっ
放っておいてくれませんか
私今忙しいんです！
今日中にお客様アンケートもまとめなきゃいけないし、新規事業についても考えなきゃいけないし
大体新規事業なんて実現するにしてもまだだいぶ先の話ですし
現実感なくて何も見えてこないっていうか
いきなり全部を任されて私も混乱しているんです
ガラッ
キュ キュ キュ

◎時間管理のマトリックス

	緊急	緊急ではない
重要	**第1領域** 問題・課題の領域 ●締め切りのある仕事・会議 ●クレーム処理 ●壊れた機械の修理 ●危機や災害 ●差し迫った問題 ●病気や事故	**第2領域** 質の高い領域 ●豊かな人間関係作り ●将来に向けた準備や計画 ●予防やリスク対策 ●価値観の明確化 ●勉強や自己啓発 ●真の意味でのレクリエーション
重要ではない	**第3領域** 見せかけの領域 ●さまざまな妨害・邪魔 ●重要でない電話 ●重要でない会議 ●重要でない差し迫った問題 ●突然の来訪 ●無意味な接待や付き合い	**第4領域** 無駄な領域 ●噂話などの暇つぶし ●とりとめのないだらだら電話 ●目的のないテレビ視聴 ●何もしない移動時間 ●何もしない待ち時間

何ですか？これ…
「時間管理のマトリックス」の図だ
今の君のタスクの緊急度と重要度をわかりやすく説明しよう
◎時間管理のマトリックス
緊急
緊急ではない
第2領域
質の高い領域
第4領域
無駄な領域
第一の領域は、緊急度も重要度も高い活動の領域
これは君の場合、今日中にアンケートをまとめるという仕事だ
誰もが優先順位第一と思い、放っておいても必ずやる
緊急
重要
第1領域
●クレーム処理
第四の領域は緊急でも重要でもないからスルーしていい
問題は第二の領域だ
これは、重要だが、特に締め切りが決められていない活動領域になる
今の場合、新製品を作ったり、新しいサービスを作ったりするための計画がそれにあたる
ここが一番見落としがちだ
第2領域
質の高い領域
コンッ
しっかり大局的、長期的な視点で準備しておかないと
いつか大変なことになるぞ

い、今からやるんです！
何も決まっていないのに、何をやると？
だからこれから資料を探して、定例会議にかけて
第3領域
…第三は、緊急度は高いが重要でない活動領域
重要ではない
これはたとえば君が参加している毎週の定例会議のようなものだ
つまり、見せかけの仕事——
今の君がやっていることの全部だ
すべてが無計画のまま物事を進めても意味がない
このままだと新規事業はうまくいかず、会社の業績はより悪化する
社運がかかった新規事業なのだろう？
君は会社をつぶす気か
君は何のために
この会社に入ったんだ？
—失礼しますっ
バタンッ
ひどい——！
ひどい、ひどい！

カタカタカタ
枠井さん お客様アンケートの 集計は？
今やってます！
・高い ← 買えない
・キャラクターものとコラボ してほしい
…何のために 会社に入ったか
聞いてくれますか
私、中・高・大学と陸上部で、この会社の…エヴァーロードの運動靴が大好きで、ずっと履いてきました
走ることは好きでしたが 速くはなかったので、陸上の道には進めなくて
自分の進路を考えたとき、エヴァーロードさんの求人を見つけて思ったんです
自分の企画で好きな会社の運動靴が作れたら どんなにうれしいだろうって

採用が決まったときはとてもうれしかったんです
でも現実はそんなにうまくいかなくて
企画書を出してもただの新人の言うことが上に通るはずもなく…
雑用や日々の業務に追われるだけで毎日が過ぎ、気が付いたら入社して5年が過ぎていました
…ウチの会社、今売上があまりよくなくて
この新規事業の成功のいかんに会社の命運がかかっているそうなんです
でも、自分の夢なんて諦めて、与えられたものをただこなすだけになっていた今、さらにいきなり新規事業の話が来て
せっかくのチャンスなのに正直何をやってよいのかわからず
情けないですが…途方に暮れているのが現状です…
君は今
何をやりたいんだ?
…新しい靴を作りたいです
売れる運動靴を企画したいです

私、エヴァーロードの運動靴本当に好きなんです
会社を立て直したいんです
わかった
ガタ
本当にそれが君のやりたいことならば、手伝おう
このフレームワークでね！
え！

STEP 0

デキる人に共通する、最短で成果を出す思考プロセス＝フレームワーク

「いつも忙しくて、ゆとりがない！」

仕事に追われて、そんな風に感じることがあるのではないでしょうか。

本書のマンガの主人公のあゆみちゃんも、日々の業務に追われ、今抱えている仕事をこなすので精いっぱいです。さらに新規事業の立ち上げまで任され、何から手をつけていいいか、途方に暮れています。

もちろん、忙しいからといって仕事の質を落とし、適当にチャチャッと片づけてしまっていいわけではありません。では、遅くまで残業をするしかないかというと、それも違います。**あなた自身のアウトプットの品質と量を高めることが、生産性を上げ、結果として仕事のスピードアップにつながるのです。**

私が考える仕事の生産性を高めるポイントは、次の三つです。

①フレームワークを使いこなして、最短で本質に到達
②チャートを使いこなして、データの整理と見える化
③ITを使いこなして、アウトプット効率の最大化

私は、この三つを「現代のナレッジワーカー（知的労働者）に必要な3種の神器」と呼びたいと思います。IT関連については、多くの有益なガイドブックが出ていますのでそちらを参考にしていただくとして、本書では、フレームワークとチャートの使いこなし方に絞って、仕事スピードの2倍速、いや4倍速を目指していきたいと思います。

「4倍速＝これまでの半分の時間で、2倍のクオリティーのアウトプット」というと、あなたは「そんなの無理だ」と思うかもしれません。でも、**本書で「フレームワーク」の活用法を身につければ、働く時間に関係なく、仕事におけるアウトプットの効率を上げることができるようになります。**

STEP 0

生産性を劇的に上げる最強の武器を手に入れよう

世の中のいわゆる「デキる」ビジネスパーソンを見ると、彼らは効率的な思考プロセスを上手に使い分けて、仕事をしていることがわかります。

世の中に「問題解決」や「ロジカルシンキング」をテーマとした書籍はたくさんありますが、それらはこの思考回路の一部を切り取ったものなのです。

フレームワークという言葉は初耳、という方もいらっしゃるでしょう。**フレームワークとは、一言で言えば、仕事において最短・最速で成果を上げるための「思考の枠組み」のことです。**

フレームワークは、ビジネスの先人たちが作り上げた貴重な思考ツールです。

何もこれは、彼らのような一部のすごい人たちだけでなく、働く人すべてが、今日から身につけることのできるものなのです。

本書では、「デキる人」が、日々の仕事の中で、何をどのように考えているのか、そして、皆さんがその中から何を身につければ、同じように仕事で成果を上げることができるのかを、厳選した39の基本フレームワークとチャートに絞って解説していきます。

フレームワークでは、課題に対して問題を整理し、最善の解決策を得る方法をさまざまな手法でアプローチします。

多くのフレームワークは、そうしたビジネスコンセプトを見えるかたちにしているため、自分だけでなく、第三者にとっても理解しやすいかたちになっています。

プレゼンでビジネスフレームワークを使えば、参加者の理解が得られやすくなるでしょう。また、有名なフレームワークは一定のレベル以上のビジネスパーソンにとっては共通言語となっていますから、情報共有しやすい、というメリットもあります。

また、フレームワークは、課題の本質に迫るためのショートカットを提供します。

フレームワークを使いこなすことで、今までのように課題に対して「どこから手をつけたらいいだろう?」と途方に暮れることはなくなるでしょう。もし問題に直面したら、「さて、どのフレームワークに当てはめて考えよう？」というやり方に切り替えてみてください。問題の根本に最速でたどりつけるため、これまでに費やしてきた膨大な試行錯誤の時間が節約できます。

もちろん、すべての課題に対して最適なフレームワークがあるとは限りません。しかし、フレームワークを使うコツを身につければ、オリジナルのフレームワークも作れるようになるのです。自分の業務に合ったフレームワークが出来上がれば、鬼に金棒です。

また、こうしたフレームワークを使いこなすことで、論理的思考を養うことができます。ロジカルシンキングの重要性を説いた書物はたくさんありますが、結局のところ、論理的思考を「実際に使える」機会を増やさないと自分のものにはなりません。

ぜひ本書を活用してフレームワークを使いこなし、実際に自分や自社の課題に取り組んでみる機会を増やしてください。

STEP
0-1

重要度×緊急度で優先順位をつける「時間管理のマトリックス」

では、具体的にフレームワークとはどのようなものでしょうか。マンガの主人公あゆみちゃんが、資料室の謎の人物（?）永沢さんから初めて教わったのが、時間管理のマトリックスというフレームワークです。とにかく忙しい、やらなくてはいけないことが山ほどある、でもどれから手をつければいいのかわからない。そんなときに役立ちます。

時間管理のマトリックスでは、まず、**「処理すべき優先順位をどうつけるか？」がポイント**になります。優先順位は二つの方向性から決定します。一つは「重要度」、もう一つは「緊急度」です。

重要度と緊急度のどちらを優先するかは、迷うところです。しかし、多くの人は緊急度に支配された生活を送っています。今日やる、明日やる、今週やるといったタスク管理です。そんな人は、次々と仕事をこなすことに対して達成感を覚えることで満足しがちです。常に忙しくしているのですが、病気で言えば対症療法なので、根本的な解決になっていないことが多いのです。

これに対して、重要度に従った生活は、問題の根幹に働きかける活動が中心です。今すぐという緊急性がないとしても、これが解消されない限り、いつまでたっても状況はよくなりません。

次ページの図1を見てください。時間管理のマトリックスでは、To Doリストに入れるべき事柄を、このように重要度と緊急度という2×2マトリックスに分類します。つまり、2×2の合計4つのマス（領域）に分けた説明図を作るのです。

第一領域は、重要度も緊急度も高い「問題・課題の領域」です。お客様からのクレーム処理や、納期直前の作業など即時の対応を要し、しかも重要な結果と結びついている活

図1

重要度×緊急度で優先順位をつける時間管理のマトリックス

	緊急	緊急ではない
重要	**第一領域 問題・課題の領域** ●締め切りのある仕事、会議 ●クレーム処理 ●壊れた機械の修理 ●危機や災害 ●差し迫った問題 ●病気や事故	**第二領域 質の高い領域** ●豊かな人間関係作り ●将来に向けた準備や計画 ●予防やリスク対策 ●価値観の明確化 ●勉強や自己啓発 ●真の意味でのレクリエーション
重要ではない	**第三領域 見せかけの領域** ●さまざまな妨害・邪魔 ●重要でない電話 ●重要でない会議 ●重要でない差し迫った問題 ●突然の来訪 ●無意味な接待や付き合い	**第四領域 無駄な領域** ●噂話などの暇つぶし ●とりとめのないだらだら電話 ●目的のないテレビ視聴 ●何もしない移動時間 ●何もしない待ち時間

動の領域ですから、真っ先に手をつけるべきものです。マンガの例では、「今日中にアンケートをまとめる」という仕事がこれに当たります。

第二領域は、重要だけれど、すぐに対応しなくてもよい「質の高い領域」です。中・長期にわたる計画、能力開発、リスク管理など、即効性はないものの、非常に根本的な活動が含まれます。重要であることは誰もが認識していても、行動を先送りにしがちな領域です。マンガでは「新規事業」がこれに当たっていて、しっかり大局的な視点で準備しておかないと、会社の将来に重大な影響を及ぼします。

第三領域は、緊急度は高いが重要ではな

い「見せかけの領域」です。一見、重要な活動と錯覚しがちですが、本人には重要な結果がもたらされることのない活動の領域です。たとえば、目前に迫っている社内の定例会議のようなものです。

第四領域は、緊急でもなく重要でもない「無駄な領域」です。将来にプラスにならない時間の浪費がここに入ります。この領域のタスクには手をつける必要がないので、スルーして問題ありません。

時間管理のマトリックスに日々の活動を当てはめてみると、自らを支配しているパラダイムをつかむことができます。 緊急度に応じて対応している人は、第一または第三領域の活動が中心です。緊急度に焦点を合わせているので、第一領域の活動が片付くと、緊急であるが重要でない第三領域の活動に目を奪われてしまう傾向にあります。

しかし、**重要なのは、ついつい見落としがちな第二領域のリストにどう着手するか、ということです。第三領域の対応に追われてしまって第二領域の進行がおろそかにならないように注意しましょう。**

「忙しい、忙しい」が口癖の人は、ぜひこの時間のマトリックスで自分の仕事を整理してみてください。そして第二の領域のやるべきことを、日々のタスク管理ができるレベルまで細分化して、実行していくのです。そうすれば、視界がぐんと開けて、しかもモチベーションもアップしてくるはずです。

ぜひ皆さんも、マンガの主人公あゆみちゃんと一緒に、あなたもフレームワークを使いこなし、仕事の質と効率を劇的に高めるノウハウを身につけてください。そして、最短の時間で本質にたどりつき、それを最適な手段で効率よくアウトプットしていきましょう。そうしてあまった時間をぜひ、創造力を発揮するのにあててほしいのです。

自由な発想やクリエイティビティは、論理的な思考からだけでは生まれません。机にかじりついたり、会議室にいたりすることではなく、自分の体験や現場の声から生まれるものです。ぜひ、知的生産性を向上させ、もっと想像力を働かせるために時間を使ってください。

また、本当に必要なのは、「覚える」という勉強ではなく、「考え、実践する」ことです。本書では、その手助けができるような最強の基本となる「思考ツール」を39種類厳選して紹介し、実践するためのアウトプットのコツを解説しています。

本書は高収入で知られるアメリカのＭＢＡホルダーや、経営コンサルタントがプレゼンに使っている高度なフレームワークを、どんな人でも、今日からすぐに活用できるようにしています。本書を読み終わる頃には、あなたの仕事は格段にレベルアップし、より仕事を楽しめるようになるでしょう。

STEP 1

事業・プロジェクトがうまくいく！フレームワーク

この章でわかること

- SWOT分析
- ロジックツリー
- MECE（ミッシー）
- 3C分析
- 仮説思考
- PEST分析
- オズボーンのチェックリスト
- マインドマップ
- 6つのパス
- 異種混合のアイデア

		外部環境	
		Opportunity 自分にとって機会は？ ・東京オリンピックに向けたスポーツ熱の高まり ・健康志向の盛り上がりによる健康への投資額増加	**Threat** 自分にとって脅威は？ ・海外安売りメーカーやキャラクター商品などの参入脅威
内部環境	**Strength** 自分の強みは？ ・商品力・技術力 ・国産専業メーカーとしての信頼性	強みを生かして機会を最大限利用するため、積極的に何をするか？ →戦略1	他社にとって脅威であっても自社での強みを活かして、脅威を回避、または打ち負かすには？ →戦略3
	Weakness 自分の弱みは？ ・コスト高 ・地味なブランドイメージ	弱みによって機会を取りこぼさないために補完、補充、改善すべきことは？ →戦略2	想定される最悪の事態をどう回避するか？ →戦略4

◎SWOT分析

SWOT分析は、目標達成のために企業や個人が自らの強みと弱みを分析し、的確な戦略を立てるためのフレームワークだ
自社の「強み」「弱み」といった内部環境と市場や雇用の「機会」「脅威」といった外部環境を2×2のマトリックスにして分析していく
Strength、Weakness、Opportunity、Threat…
それでSWOT…
ウチの会社に当てはめてみよう
わが社の場合S（強み）に商品力や技術力、国産専業メーカーとしての信頼性
W（弱み）にはコスト高、地味なブランドイメージが挙げられる
O（機会）には東京オリンピックに向けたスポーツ熱の高まり、健康志向の盛り上がりによる健康への投資額増加
T（脅威）には海外安売りメーカーやキャラクター商品などの参入脅威といったところだろう
あの…一つ、すみません
フレームワークって何ですか？
ああ

ここでいう
フレームワークとは
「思考の枠組み」のことだ

インターネットの世界では
コンピュータープログラムを
開発する環境のことを指すが

ビジネスでの
フレームワークといえば、
課題に対して問題点を整理し、
最善の解決策を導き出す
手助けとなるツールとして
広く認知されている

解決策を導き出す
手助けになる
ツールですか

確かに、こうやって
図になっていると
わかりやすいですね

サッ サッ

フレームワークって
ほかにどんなものが
あるんですか？

たくさん
あるが

問題整理に役立つ
フレームワークに絞って
一部例を挙げると

ロジックツリー
MECE（ミッシー）
3C分析
仮説思考
PEST分析

どんどん
分析を
進めていくぞ

PEST分析
子ども向け運動靴
ふむ
会社の利益率低下の原因は大体わかったな
やはり海外からの安いメーカー品の参入は痛いですね
狙うとしたら、ここか
子ども向け運動靴…ですか
ウチの会社では今まであまり広げてこなかった分野ですね
安いものやキャラクター商品などのほうがどうしても人気がありますし
子どもにはそうだろうな
だがお金を出すのは親だ
あ！
・少子化
・健康志向
少子化が進んで子ども市場は狭まっているように思えるが、そのぶん親が一人当たりにかけるお金は増える傾向にある
健康志向の盛り上がりによって健康への投資額が増加している今、そのような親たちは、自分の子どもの健康にも同様に気を使うのではないだろうか

確かに！
高い製品は
大人向けという
イメージが
あったけれど
子どものために
お金を出すのも
親である大人ですね
海外製品と比べるとどうしても
コスト高にならざるを得ない
ウチの製品でも、狙い方によっては
大きく参入できるかもしれない
そうですね！
よし決まりだな
子ども向けの
新しい運動靴で
いこう
後は
どんなものを
作るかだ
いいものだとしても、
安い海外製品と機能が
さほど変わらなければ、
安いほうに
クライアントは流れる
+α
+α
単価の安い市場に
参入する場合、高いなら
何か値段なりのプラスアルファの
セールスポイントをつけないと
もう遅いな
明日は土曜、か
枠井、来週までに
いくつか
アイデアを
考えてきてくれ
え！

アイデア出し…
できるかな
私、子どももいないし
親御さんの気持ちとか
いまいちわからない…
いやそもそも
結婚してないし
恋人すら…
わ、わかりました
とりあえず
一生懸命…
やみくもな頑張りは
意味がないと
言っただろう
持って行け
虎の巻ノート
フレームワーク
虎の巻ノートだ
私の知っているありとあらゆる
フレームワークが記録してある
アイデア出しのフレームワークも
いくつか記してあるから
これを参考に
するといい
とらのまき…

あ〜
疲れた〜
なんだか怒涛の一日だったな
新規事業…フレームワーク…
それにしても…永沢さんて何者だろう
ほかの部署にあんな人いたっけ？
資料室のヌシとかで…いや、ないない
フレームワークかあ
パラ
アイデア出しのための項目は…、と
虎の巻ノート
わあ！たくさんある
オズボーンのチェックリスト
マインドマップ
6つのパス
異種混合のアイデア
へー
オズボーンのチェックリスト…
チェック形式だと、何もないところから発想するよりもやりやすい気がする
1 転用 他に
2 応用 他か
3 変更 変え
4 拡大 大きく
5 縮小 小さく
どれどれ、転用…運動靴のほかの使い道かあ…
う〜ん
合体…何か靴以外のものと…何を…
ピロリン♪
ん？

わあっ
敦子からだ！ひさしぶりだ！
美織と千紗もいる！
あゆみ～おひさです
元気？敦子です！
美織と千紗も
いるよ～
ポッ
元陸上部メンバー勢ぞろいじゃん
なになに、大学OB月一マラソン大会、今月は今週日曜なんだ
ああ、しばらく参加してないや…
敦子の娘ちゃんかな？おっきくなったな～
今月こそ
月イチ
マラソン大会
おいでよー
ポポッ
そっか！美織も千紗もママだっけ
…もしかして
子ども向けの運動靴
みんなからだったら、何か親側からの意見が聞けるかもしれない
マラソン大会…久しぶりに参加してみようかな

日曜日
アイデアのヒントが見つかるかも！
みんな！
あゆみ！
え!! 枠井!?
待ってた～！会いたかったよ！
全員そろったの久々じゃない？
ごめんごめん最近忙しくて
枠井、久しぶりだな
守田くん！
気持ちいい～！
みんなと走るの何カ月ぶりだろ
あっそうそう枠井、聞いてくれよ
守田がさ～

枠井が
来なくなってから、
もううるさくって
ガハッ
あいつはどうしたんだ
来ないのかって
毎回なあ
え！　あの
いやあ…靴メーカーも
不況でなかなか厳しくって
あゆみって今
エヴァーロードに
勤めてるんだっけ？
そう！
エヴァーロード
だよ
あそこの靴って
履きやすくて
いいよね
私今も運動靴
ずっと
エヴァーロードだよ
ほんと？
ありがとう～！
まあ高いけどね
デスヨネ
あっ、でも
ウチの靴は高いけど
品質勝負だから！
成長途中の
娘ちゃんの
足になんかも
オススメだよ！
すみません
まあ確かに、
子どもにも
靴は大事よね
んー
エヴァーロード、
子ども向けの運動靴
あんまりなくない？
ウチの子、戦隊ヒーローの
靴が欲しいって言うから
買ったんだけど
安物のせいか
靴ずれになっちゃって

歩くこと自体嫌がるようになっちゃって
へ〜っ
あら、それよくないわよ!
知ってた?
今の幼児教育では、幼少期に体を動かすことの重要性が再注目されているんですって!
小さいうちは、ひらがなや英語を覚えさせるよりも、運動させたり芸術に触れさせたりするほうが
将来的には大成することが多いっていう研究結果が出たらしいのよ
へ〜!そうなんだー
小さいときの土台固めが大事ってことね
じゃあ、やっぱり小さい頃からいい運動靴を履かせるべきじゃない?
はっはっ
勉強になるな
でもね、いくらいいもの買ったって、歩いてくれるとは限らないし
お高い運動靴履いて公園行っても、座ってゲームしてるだけかもしれないわよ
そーそー
四六時中様子見てるわけにはいかないしね

親の目の届かないところでは何してるかわかんないわよね
確かに！
何とか子どもの健康管理できる方法ってないかしらね
ね～
親の気持ち子知らずよね～！
すごいな
みんなすっかりお母さんだな～
はっ
はっ
はっ
…
あれ？
どんどん離され…
みんなはやっ！
ぜはー
ぜはー
ぐったり
よっ
大丈夫か
守田くん！
みんなは？
もう一周行ってる～
私は休憩タイム…
久しぶりすぎてへばっちゃった
仕事、大変そうだな
まあね
守田くんは綜合警備会社だっけ？
走って泥棒捕まえたりするの？
しねーよ
普通にデスクワークのほうだっつ～の
あはは
ごめん

なんか…不思議な感じだね
ん？何が
学生のときはみんな同じ方向を見て、ただ楽しく走ったり笑い合ったりしてるだけだったのに
いつの間にかそれぞれ、自分の方向性を決めて自分の人生歩いてて
いろんなとこに勤めて結婚して
子ども産んで親になってー
でも、今でもみんなで集まれるってうれしいことだよね
今日久しぶりだったけど来てよかった
私も
んー、
頑張らないとなあ
…わ
枠井

俺
枠井が
好きだ
……
え
ええー!?
もりたくん!?
いきなり
何!?
い、
いきなりじゃ
ないんだ
実は俺
大学の頃から、
枠井のこと
ちょっと気になってて

でも、特になかったんだ言うつもりは
陸上部で普通に話せるだけで楽しかったし、卒業してからも月一マラソン大会で会えると思ってたし
でもそのうちお前、こっちに全然顔出さなくなって
そうなるとなんか…さみしくって
今日久しぶりに会えて
ああ俺、枠井のこと、思ってた以上にずっと好きだったんだって
よかったら俺と
付き合ってください！

返事はいつでもいいから!!
じゃっ
て、え!
じーー…
お前ら!いつからそこに!?
いや～戻ってきたらなんだか二人の世界だし声かけづらくて
いいじゃん守田!お前の気持ちなんて俺らにはバレバレだったんだし
ぽん
バレバレ!?
ええ!?まじかよ
で、あゆみはどうなの?
あ!いや、今じゃなくても!
…付き合ってみよっか
ですよね～いえいいんです
て、え!!
うん
付き合ってみよう
なんだか、うれしいよ…ありがとう

よろしく
お願いします
いよっしゃあああ
あ…安心したら
お腹空いてきた
このあとちょっと
お茶してく？
ぐー
そうだな～
目標10キロは
走ったし
悠馬(ゆうま)、その腕の、何？
ん？　これ？
ヘルスケアバンドだ
ヘルスケアバンド？
健康を管理するための
バンドだよ
中にマイクロチップが
入っていて、
歩数や歩行距離を
管理してくれるんだ
スマホにデータを
保存管理することも
できるんだぜ
いいだろ～
ピピッ
へ～！
そんなものが
あるんだ
最近全然
運動してなかったから、
意識して
体動かそうと思ってさ

ふーん…
これは時計と一体型のやつだから、外出るときは大体身につけていくし
気付いたらデータが取れてて、なんかうれしいしな
健康管理のバンドかあ
悠馬、ちょっと腹出てきたもんなあ
うるせい！
スマホでデータ管理できるのって便利だな
ごめん！ちょっと用事思い出しちゃった
私帰るね！
えっ!?
守田くん、また連絡する！
え、ああ
何とか子どもの健康管理できる方法ってないかしらね
外出るときは大体身につけていくし
歩数や歩行距離を管理してくれるんだ
オズボーンのチェックリスト
転用、結合…

子どもの運動記録を
親が管理できる
子ども用運動靴
というのは、
どうだろう?
子どもの運動靴に
マイクロチップを入れて、
自分の子がその日
どれだけ歩いたか、
運動したかを、
親御さんがスマホで
把握できる仕様なら
ウチの製品の
運動靴としての
性能のよさは
間違いないし
マイクロチップ入りで
ヘルス機能つきという
付加価値も加われば
多少値段が
高くても
勝算は十分に
あるのでは?
虎の巻
ノート
どさっ
マインドマップに
して
整理してみよう

基本スペック
・ベースはエヴァーロードの運動靴
・軽め
・子どもが喜ぶ明るい色
・歩数と歩行距離が測れる
・マイクロチップ搭載
・スマホとデータ連動可
提携候補
・フィットネスバンドの会社
・スマホ会社 ヘルスケア部門
よし！
マイクロチップ入りの靴
ターゲット
・親世代
子どもの教育や健康に
気を使う世代
・子ども一人当たりに
お金をかけられる家庭
市場拡大
・子どもの運動靴市場への参入に
商機が見込める
・少子化により子ども一人当たりの
単価が増加
図解にすると情報を整理しやすいし新しい考えも浮かんでくる
フレームワーク、すごい！
この組み合わせ
行ける気がする！

STEP
1-1

自分の強みと弱みを分析する「SWOT分析」

ビジネスにおける地頭を鍛え、仕事の質と効率を一気にアップさせてくれるのがフレームワークです。繰り返しになりますが、フレームワークとは、最短で成果に至るための「思考の枠組み」のこと。問題に対して、情報を整理し、解決策を導くためのショートカットを提供してくれます。多くのビジネス界の先人たちが、経営戦略や分析のためのさまざまなフレームワークを構築してきました。つまり、フレームワークとは「デキる人」の頭の中のネタ帳なのです。

では、この章からはいよいよ誰でもす

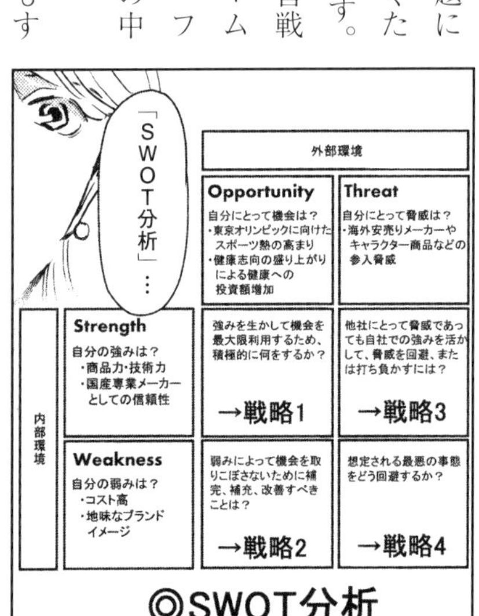

◎SWOT分析

ぐに使えるフレームワークをより詳しく紹介していくことにしましょう。マンガの主人公のあゆみちゃんが、永沢さんから立て続けに学んだ数々のフレームワークについて、ここでしっかり復習していきたいと思います。

まずは目標達成のための戦略ツールの定番、SWOT分析からです。マンガの中では、新規事業の方針を決めるために使うフレームワークとして紹介されています。

SWOT分析とは、目標達成のために意思決定が必要な企業や個人に対して、「強み」(Strength)、「弱み」(Weakness)、「機会」(Opportunity)、「脅威」(Threat)の4つの要因を軸に、事業の評価や目標達成のための戦略を練るツールです。 それぞれの頭文字を取ってSWOT分析と呼ばれます。

SWOT分析は事業戦略に使えるフレームワークの中でも定番ですから、しっかりおさえておきましょう。SWOT分析は、自分や自社の事業に対して、以下のような質問を投げかけることからスタートします。

・目標達成のためには、どのように自分の強みを活かすか?

・目標達成のためには、どのように自分の弱みを克服するか？
・目標達成のためには、どのように市場や顧客獲得の機会を利用するか？
・目標達成のためには、どのように脅威を取り除くか？

ＳＷＯＴ分析では、このような質問に答えるかたちで、強み、弱みといった内部環境と、市場や顧客獲得の機会、脅威といった外部環境を、次ページの図２のような２×２のマトリックスにして、４つの領域に区切って分析していきます。

具体的には内部環境として、人材、財務、技術、マーケティングなどの観点から強みや弱みをチェックするとよいでしょう。あゆみちゃんの会社のエヴァーロードの例で言うと、Ｓ（強み）とＷ（弱み）は、「商品力・技術力」（強み）、「国産専業メーカーとしての信頼性」（強み）、「コスト高」（弱み）、「地味なブランドイメージ」（弱み）というような項目が挙げられます。

とはいえ、ここでいう強みや弱みは、あくまで競争相手と比較した場合の相対的なものだ、ということに注意してください。また、強みと思える要素が将来も継続的に確保できるかどうかも重要なポイントです。

図2

SWOT分析をマンガの例で説明すると……

	外部環境 Opportunity 自分にとっての機会は?	外部環境 Threat 自分にとっての脅威は?
	● 東京オリンピックに向けたスポーツ熱の高まり ● 健康志向の盛り上がりによる健康への投資額増加	● 海外安売りメーカーやキャラクター商品などの参入脅威
内部環境 Strength 自分の強みは? ● 商品力·技術力 ● 国産専業メーカーとしての信頼性	戦略1 強みを活かして機会を最大限に利用するため、積極的に何をするか?	戦略3 他社にとって脅威であっても自社の強みを活かして脅威を回避、または打ち負かすには?
内部環境 Weakness 自分の弱みは? ● コスト高 ● 地味なブランドイメージ	戦略2 弱みによって機会を取りこぼさないために補完、補充、改善すべきことは?	戦略4 想定される最悪の事態をどう回避するか?

外部環境には、マクロ経済、技術革新、法令や文化などの環境変化が含まれます。

マンガの例では、「東京オリンピックに向けたスポーツへの関心度の高まり」（機会）、「健康志向の社会的な盛り上がり」（機会）、「安価な海外メーカーの増加」（脅威）、「他メーカーによるキャラクター商品の参入」（脅威）などが挙げられます。外部環境の分析には、後で紹介するＰＥＳＴ分析や３Ｃ分析などのフレームワークも有効です。

このように、外部環境と内部環境の現状を抽出した上で、強みを機会に活かす、強みによって脅威を回避する、弱みを強みに変える、弱みと脅威の鉢合わせを避けるなどの戦略を立てていくのです。

STEP 1-2

論理的に考え、相手を説得する「ロジックツリー」

論理展開を一つの要素から枝分かれさせ、何層にも構成要素を並べて説明するためのフレームワークです。ピラミッド型に並べるために、ピラミッドストラクチャーと呼ばれることもあります。ロジックツリーはあらゆるビジネスフレームワークの基本となる考え方なので、しっかりマスターして、応用できるようにしたいものです。次ページの図3で紹介している基本のロジックツリーに沿って、作り方を説明していきます。

まず、作成のポイントですが、第一階層に目的などのテーマが示されるようにします。図3では「売上を伸ばす」が「目的」に当たります。このように、ロジックツリーでは、常に先に目的や結論を述べ、後からそれを実現するための手段や結論に至った理由を分岐させてつなげていきます。図3で第二階層になっている、「顧客単価を上げる」「顧客数を増やす」は、たどりつきたい「目的に至る手段」や「結論の

図3

論理的に考え、相手に説明するロジックツリー

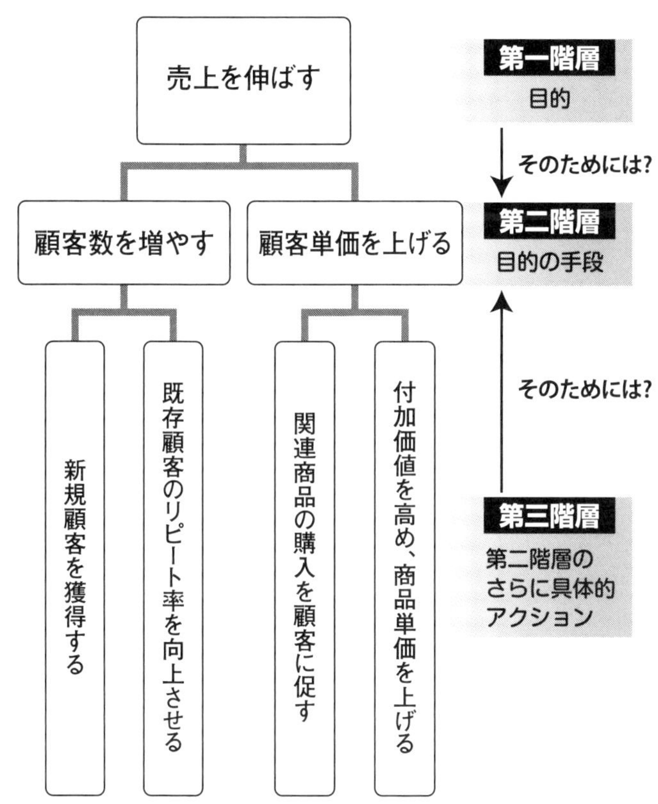

理由」となっていることがわかります。こうすることで、相手に説明したいポイントが明確になり、説得力が増します。そして、第三階層では「商品単価を上げる」「既存顧客のリピート率を向上させる」といった、手段をさらに詳細にブレークダウンしたアクションになっています。階層が深くなるにつれて、テーマが細かくより具体的なものになっていることがわかります。

特に、提案型のプレゼンではロジックツリー的な展開で説明すると効果的です。提案の目的と手段、あるいは結論と理由のつながりが明確になり、読み手が理解しやすいというメリットがあるのです。

STEP 1-3

「MECE（ミッシー）」でモレなく、ダブりなく

MECEとは、日本語で言うと「モレがなく、ダブりがない」という意味です。

英語のMutually Exclusive and Collectively Exhaustive（相互に排他的で、共に網羅的）の頭文字を取ったものですが、「ミッシー」と覚えておけばよいでしょう。

MECEは何かを分類する場合に注意すべき基本的な考え方で、フレームワークというわけではありませんが、それらを使いこなすためのベースとなるコンセプトである、と言えるでしょう。前述の時間管理のマトリックス、SWOT分析の軸、ロジックツリーの階層における分解する要素も、すべてMECEを念頭において行うことが大切です。

たとえば、成人女性を分類するとしましょう。もし、成人女性をOLと主婦に分けた場合、学生、フリーターなどは含まれないので、「モレがある」ということになります。モレが後から発覚すると、補完するのが大変です。

もう一つの「ダブりがある」のは、どういった場合でしょうか？　たとえば、主婦、ＯＬ、学生という職業分類だと、主婦かつ学生、ＯＬかつ学生というダブりが含まれています。ダブりが存在すると、後から重複部分を見つけ出したり、一つにまとめたりするのに大変な苦労を強いられます。つまり、ＭＥＣＥでないと効率が悪くなってしまうのです。では、ＭＥＣＥの分類にはどんなものがあるのでしょう？

たとえば、成人女性の分類であれば、年齢別にする、居住地で分ける、結婚しているかいないかで分ける、などがあります。これであればモレもダブりも存在しません。

ただし、このように女性を年齢や居住地で分けるのは確かにＭＥＣＥにはなりますが、それが必ずしも意味があるとは限りません。趣味性の高いもの、たとえば高級ホテルやレストランの顧客分析を年齢別に分けただけでは意味がありません。こうした商品の顧客分類であれば、年齢や居住地よりは可処分所得や金融資産の額のほうが関連性が高いと思われます。

ＭＥＣＥな考え方をする際に重要なポイントは、分類する軸に意味があり、なおかつモレやダブりのない効率的な分類をすることによって、正確な分析を可能にすることなのです。

STEP 1-4

三つの視点から成功要因を探る「3C分析」

3C分析とは、企業の経営環境を構成する「顧客」「競合」「自社」の三つの視点から成功要因を見つけ出し、自社の戦略に活かすための定番のフレームワークです。

3Cとは、顧客（Customer）、競合（Competitor）、自社（Company）の頭文字を指します。顧客を上司、競合を社内のライバル、自社を自分と読み替えれば、個人の戦略を考えるツールとしても使えます。

1．顧客分析のポイント

次のような項目で、自社の製品やサービスに対する潜在顧客を把握します。

・購買人口の規模は？

・市場の成長性は？　どのような商品ライフサイクルか？

・その業界の構造上の特徴は？
・購買決定までのプロセスは？　どのくらいのリードタイムが必要か？
・購買の意思決定者は誰か？　実際の利用者なのか、それとも別の人間か？
・価格や品質など購買に影響を及ぼす要因は何か？

2. 競合分析のポイント

戦略において敵を知ることは重要です。業界の競争状況や競争相手について詳細に把握できれば、自社の相対的な強みや弱みが明確になります。マーケットシェアをどの程度取れるかという視点で、次のような項目を把握しましょう。

・競合他社の数は？　シェア上位企業がどのくらい寡占状況になるか？
・後発の参入障壁は高いか？　失敗した場合の撤退障壁はどうか？
・競合の戦略はどんな方向性か？
・競合の経営資源と強み・弱みは何か？（営業規模、生産力など）
・競合の業績（売上高、市場シェア、利益、顧客数など）はどうか？

3. 自社分析のポイント

自社の経営資源や企業活動について、次のポイントを把握します。

・自社の業績はどうか？（売上高、収益性、市場シェアなど）
・自社の経営資源と強み・弱みは何か？（人材、資本、技術力など）
・自社の戦略はどんな方向性か？（集中戦略、差別化戦略など）
・競合優位性のある差別化ポイントは何か？（ブランド力、知名度など）

市場・顧客、競合、自社の3点から分析を行ったら、これらをベースに、自社が業界内で勝つための成功要因を見つけ出します。これは、KSF（Key Success Factor）と呼ばれています。KSFは、ある企業においては「社内教育制度の充実」であったり、別の企業では「新製品の開発スピード」であったりとさまざまです。

3C分析で、自社にとってのKSFを発見したら、現状でそれを持っているかどうかを考え、もしないのであれば、どのようにすれば獲得できるのかを検討します。

STEP
1-5

「仮説思考」で経験したことのないことを予測

仮説思考とは、限られた情報から最も可能性の高い仮の結論（仮説）を設定し、その仮説に基づいて仮説の実行、検証、修正を行っていく思考法のことです。どんなに情報が少なくても仮説を構築して前進すること、また、限られた時間内で先に結論を出すことがポイントです。

コンサルタントが問題解決を行う際に最初にやることも、このような仮説を立てることです。漫然と情報収集しているだけでは、いたずらに時間がたつだけです。ビジネスをとりまく複雑な環境から得られる膨大なデータから、帰納的に結論を取り出そうとすると、いくら時間があっても足りません。非常に効率が悪いのです。

ですから、まずは自分なりに仮説を立てて、ゴールの「結論から考える」のです。出発地点からではなく、最終目的地からさかのぼって経路を考えるのと同じです。

仮説検証は、次のような5つのプロセスを繰り返し行い、修正を加えます。

STEP 1　状況の観察・分析

まずは状況をよく観察します。そして「課題や問題の背景にあるものは何か？」を推察します。必要であれば、絞り込んだデータから裏付けを取ります。

STEP 2　仮説の設定

仮説を設定します。「～に違いない」という仮の結論です。必要に応じて、さらなるリサーチや裏付けデータを収集します。

STEP 3　仮説の実行

仮説に基づいて、プランを実行してみます。

STEP 4　仮説の検証

仮説が正しいかどうかを検証するために、実際に行動した結果を分析します。

STEP 5　仮説の修正

仮説で想定した予測結果と、実際に行動した結果を照らし合わせて、間違っていれば仮説を修正します。

STEP 1-6

外部環境を分析する「ＰＥＳＴ分析」

事業の見通しを検討する際には、常に自社内の状況とともに景気、法律、技術革新などの外部環境を頭に入れておかなければなりません。中でもマクロな外部環境は、市場全体の変化に大きく影響を及ぼします。ＰＥＳＴ分析は、そんな外部環境を分析するためのフレームワークです。

ＰＥＳＴとは、外部環境を変動させる、政治（Politics）、経済（Economics）、社会（Society）、技術（Technology）の頭文字を取ったものです。ＰＥＳＴ分析のポイントは、こうしたマクロな変動要因が自社のビジネスにどのような影響を与えるのかを把握することにあります。

・政治的要因

政権交代、政府の方針転換、業界に関わる法律の改正、規制の強化や緩和、外交問題の変化などが含まれます。突然の変化は大きなビジネスチャンスでもあり、大きなリスクでもあります。

・経済的要因

世の中の景気動向、物価の変動、ＧＤＰ成長率、失業率、鉱工業生産指数、住宅着工数などさまざまな経済指標や今後の見通しなどがこれに当たります。たとえば、景気に大きく左右される広告業界などは、景気が芳しくない時期は、クライアントの予算が大きく減り、企業業績に厳しい風が吹きます。

・社会的要因

人口動態、文化、教育制度、ライフスタイルや

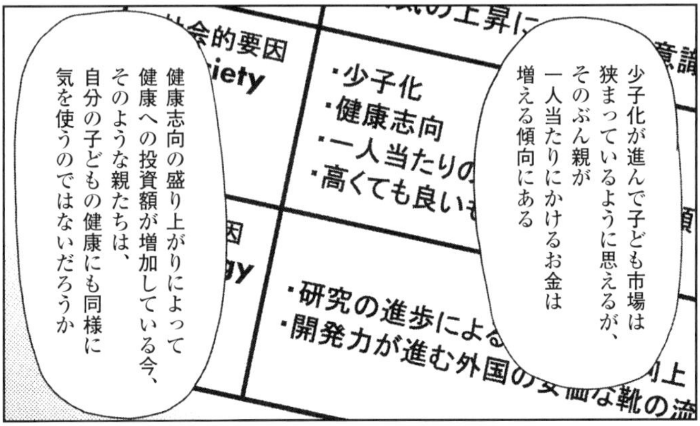

図4

PEST分析例

政治的要因 Politics	●東京オリンピックに向けた健康志向の高まり
経済的要因 Economics	●景気の上昇に伴う健康への意識の変化
社会的要因 Society	●少子化 ●健康志向 ●一人当たりの健康への投資額の増加 ●高くてもよい商品を選ぶ機運の高まり
技術的要因 Technology	●研究の進歩による技術の向上

ものの考え方の変化などがこれに当たります。たとえば、少子化が進んで子どもが減り、高齢者が増えることで、学校経営は苦しくなりますが、一方で、老人ホームや介護ビジネスの業績は伸びます。

・技術的要因

新しい技術の誕生、普及による市場の変化がこれに当たります。技術革新は、大きな新しい市場を生みますが、他方で既存の市場を破壊することも多いのです。たとえば、インターネットの普及によって、ネット広告市場が拡大する一方で、新聞や雑誌など既存メディアの広告売上が減っている、という現象もその一例です。

マンガの中では、このＰＥＳＴ分析を行って、少子化という社会的要因に着目しています。親が一人当たりの子どもに使う金額は多くなることにビジネスチャンスを見いだし、「子ども向けの新しい運動靴の開発」という結論を導き出しました。ただやみくもに考えるのではなく、思考にフレームを設けて、それに沿って考えを巡らせたからこそ、簡単にヒントを得ることができたのです。

STEP 1-7

「オズボーンのチェックリスト」で、すごいアイデアがひらめく

アイデアは、あるとき、パッとひらめくのを待つしかないのでしょうか。そうとも限りません。アイデアを生み出す方法を教えてくれるのが、オズボーンのチェックリスト。これはアレックス・F・オズボーンが考案した発想法で、**あらかじめ準備したチェックリストに答えることでアイデアがひらめく方法**です。

チェックリストでは、アイデアのテーマや対象を決めて、次のような9つの項目それぞれに対して、アイデアを出していきます。ぜひ、自社商品やサービスに当てはめて考えてみてください。

①転用……ほかに使い道がないか?
②応用……ほかからアイデアを借りられないか?
③変更……変えてみたらどうか?

④拡大……大きくしてみたらどうか？
⑤縮小……小さくしてみたらどうか？
⑥代用……ほかのもので代用できないか？
⑦置換……入れ替えてみたらどうか？
⑧逆転……逆にしてみたらどうか？
⑨結合……組み合わせてみたらどうか？

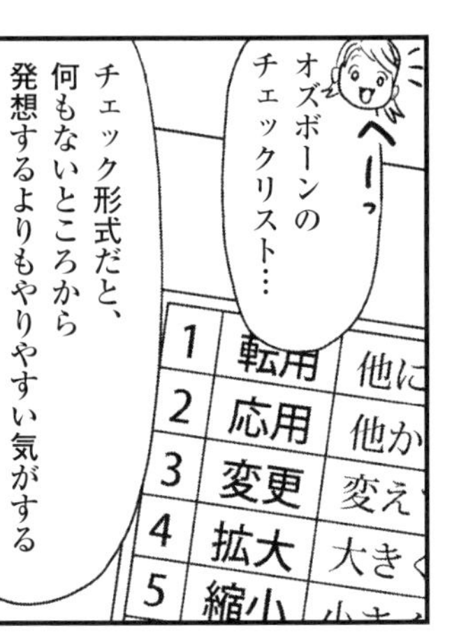

マンガの主人公のあゆみちゃんが「マイクロチップ入りの子どもの運動靴」という発想に思い至ったのは、このオズボーンのチェックリストの「転用」と「結合」の応用と言えます。子どもの運動靴に運動記録の管理という新しい使い道を与え（転用）、さらにそれを可能にするために靴にマイクロチップをつける（結合）というアイデアにたどりついたのです。

こうした発想リストは、アイデアに行き詰まったり、思考が袋小路に入ったりしたときに、思いもよらぬ発想を得るのに有効です。業界の常識、先入観、当たり前と思っていたことをいったん取り除いて、いろんな角度から発展させることができます。

STEP
1-8

「マインドマップ」で、思考回路をビジュアル化

マインドマップは、表現したいコンセプトの中心となるキーワードを全体図の中央に置いて、そこから放射状にキーワードやイメージをつなげていくことで、アイデアや発想を発展させていく図解表現方法です。トニー・ブザンが提唱し、今ではビジネス以外の用途でも広く使われています。本来は紙にペンで描くものですが、PCソフトも、MindManager（マインドマネジャー）、FreeMind（フリーマインド）などさまざまなものが出回っています。

マインドマップを使えば、複雑な構造を持つ情報も一目でわかるようになり、なおかつ速く理解できるとされています。これは、人間の脳の「意味ネットワーク」と呼ばれる記憶の構造に似ているからだそうです。あのビル・ゲイツも、次世代の発想ツールとしてこのマインドマップに注目していたそうです。

マインドマップの特徴は次のようなものです。

・中心から放射状に項目を書き連ねるので、アイデアを発展させやすい。
・新商品の企画、ブレストのアイデアメモ、経営課題の抽出、やることリストなど応用範囲が広く、使いやすい。
・写真、イラスト、アイコンなどを交えて構成するため、より感覚的に理解でき、記憶に残りやすい。
・全体を俯瞰（ふかん）しやすく、項目ごとの関連性が見える。

ここまで紹介して、先に紹介したロジックツリーと似ている、と感じた方もいるでしょう。中央から放射状に発展させているのがマインドマップですが、確かにピラミッド型に並べれば、ロジックツリーのようにも見えます。しかし、**ロジックツリーと根本的に違うのは、先に紹介したMECE（モレやダブりのないこと）や論理的つながりをあまり意識する必要がないことです。**マインドマップは、一つの項目から自由な発想で発展させることが重要なのです。逆に、MECEや項目のレベル合わせに注意を払い過ぎると自由度が妨げられます。

図5

マインドマップをマンガの例で説明すると……

モレやダブりは、後からいくらでも修正可能（離れた項目を矢印でつなぐ、など）ですから、気楽に進めていいのです。実際、筆者である私自身も、企画案や新商品を考える際には、マインドマップを使っています。使いはじめるとやめられない面白さがあるのです。

マインドマップの描き方の例を紹介していきましょう。

①マインドマップのテーマ（アイデアの源、課題など）を決め、中央に配置します。手描きであれば、印象や記憶の定着を高めるために、イラストをつけたりして強調するのもよいでしょう。

②中心のテーマ（親トピック）から枝をつけて、関連するトピック（子のトピック）

を配置します。中心に近いほど、枝は太く力強いものにします。
③子のトピックからさらに枝分かれさせて子のトピックをつなげたり、並列する兄弟トピックを追加していきます。
④トピック間にアイコンやキーワードを配置したり、枝の色を変えたり、自由に楽しみながら描いていきます。
⑤後からグループ化できそうなものは、全体を雲状の線で囲んだり、離れたトピック間でも関連しそうなものは、矢印などでつなげていったりします。
⑥出来上がったものの全体を俯瞰してみましょう。トピックをまとめたり、さらに精巧なものにするため、トピックを追加していったりしましょう。

STEP 1-9

新しい市場を考えるヒント「6つのパス」

競争の激しい市場の中で、新たな市場を創造する戦略のことを「ブルーオーシャン戦略」と言います。そして、ブルーオーシャン戦略の中で最も重要なアプローチが、今までは顧客でなかった層に着目し、「6つのパス」によって、市場の境界を設定し直すことです。つまり、従来の業界の固定観念をいったん取り払い、新しい発想に基づいて新しい市場を作る（＝新しい買い手を創造する）ことです。ここで紹介する、新しい市場を考えるための「6つのパス」と呼ばれるフレームワークは、自社商品に新たな価値を加えるヒントに満ちています。

パス1：代替産業に学ぶ

一見したところは関係なさそうでも、実は代替産業であるものにヒントを見つけることができます。たとえば、ゲーム産業をエンターテインメント産業ではなく「ひま

「つぶし」産業と見なすと、テレビ視聴、携帯メール、ネットサーフィン、読書なども実はゲーム産業の代替産業と考えられます。

パス2：同じ業界内の他の戦略グループから学ぶ

通常、業界内でも戦略別にいくつかのグループに分かれます。たとえば小売業なら、高級ブランドとディスカウントストアでは異なる戦略を採用しています。パス2では、自社とは異なる戦略を持つグループをヒントにしてみます。

パス3：買い手グループに目を向ける

買い手グループは、必ずしも個人の消費者とは限りません。メーカーであれば、卸会社や小売店など、いろいろな購買者がいます。また、購買者と利用者が異なる場合もあるでしょう。マンガの中であゆみちゃんは子どもの運動靴を買うのは親であるという部分に着目しました。売り手側がどういった購買者に力点を置くかによって、戦略は大きく変わります。

パス4：補完財や補完サービスを見渡す

一つの商品でサービスが完結するとは限りません。たとえば、オーディオプレーヤーであれば、ヘッドホン、本体を入れておくケース、ユーザー向けのコミュニティーサービスなど、さまざまな補完材・サービスが考えられます。利用者のトータルソリューションという観点から商品を見つめ直すと、新しい発見がありそうです。

パス5：機能志向と感性志向を切り替える

業界によって機能志向が強いか、あるいは感性志向が強いか、どちらかに分かれます。たとえば、パソコン業界は非常に機能志向の強い業界です。そうした中で、感性志向に切り替える（たとえば、デザイン、使い勝手などに注力する）と、他社と差別化することができそうです。アップル社がまさにその成功例です。

パス6：将来を見渡す

未来予測（たとえば人口減少など）によって顧客や市場がどうなるかを検討します。将来起こり得ることをチャンスとしてとらえ、新しい商品やサービスを考えましょう。

STEP 1-10

新しい掛け合わせで、新発想を生む「異種混合のアイデア」

いいアイデアはどのようにすれば生まれるのでしょうか？　誰もが知りたいところです。そのヒントになるのが、アメリカの著名な実業家、ジェームス・W・ヤングの次のフレーズです。

「アイデアとは、既存の要素の組み合わせ以外の何ものでもない」

つまり、アイデアそのものは、既存の要素の「掛け算」にすぎない、ということです。まったくゼロから考えたはずのアイデアでさえ、実は何か別のところにヒントがあって生み出されたものなのです。

しかし、何でもかんでも組み合わせれば、いいアイデアが生まれるとは限りません。たとえば、自分の把握している情報の組み合わせだけでは、これまですでに考えついているアイデアを超えるものは生み出しづらいでしょう。それでは、組み合わせる要素はどのようなものがいいのでしょうか？　そこで、先ほどのヤングのフレーズを言い換えてみましょう。

「パワフルなアイデアとは、既存の異質な要素の掛け算以外の何ものでもない」

独創的で画期的なアイデアとは、自分の知っている世界からだけではなかなか生まれてこないのです。これまでにはないコンセプトの商品を作ったり、問題解決を図ったりする場合には、別の世界、別の業界、別の視点、別のテーマなど、異質な世界とのコラボレーションが欠かせません。

たとえば、あなたの属している「コミュニティー」「ビジネス社会」「自分の業界」「自分の会社」「自分の業務」「自分のノウハウ」「自分の視点」「自分のテーマ」「自分の場所」の問題を解決するために、あえて「異なる何か」を持ち込み、そこからヒントを得たり、そこで使われているものをこちらの世界で使ってみたり、こちらのものを別の世界に持ち込んだりするのです。

これは「異質馴化（いしつじゅんか）」あるいは「馴質異化（じゅんしついか）」とも呼ばれる着想法です。

本章では基本のフレームワークを紹介してきましたが、自分としては、つまらない作業に思えるような仕事でも、「もうこれ以上改善の余地のないと思える作業であっても、取り組み方を変えることで生産性を上げる」という視点を持てば、つまらない仕事なんて、この世の中にはないはずです。そんな発想の180度の転換を可能にしてくれるのがフレームワークなのです。

マンガの最終コマの「行ける気がする！」と独白するあゆみちゃんのやる気満々の表情を見てください。仕事は楽しい！　誰でも心からそう思えるようになりたいもの。その強力な助っ人がフレームワークなのです。次章からは、一歩進んで、プレゼンや資料作成に使えるフレームワークやチャートの数々を紹介していきます。

STEP 2

プレゼン・資料の説得力が上がる!フレームワーク&チャート

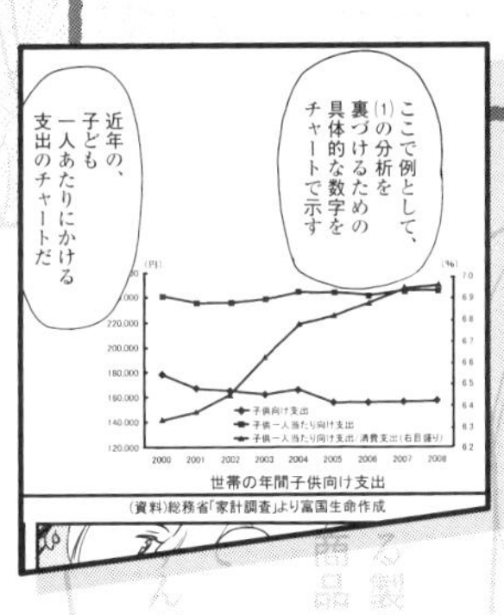

この章でわかること

- 各種マトリックス・チャートを駆使するテクニック
- マーケティングプロセス
- プロモーションミックス
- As is/to be(ギャップ分析)
- プロ・コンリスト
- SMART(スマート)の法則
- 企業ピラミッド

資料室
子どもの運動を管理するチップ入り運動靴、か
面白そうじゃないか
Story 2
「強み」をわかってもらうには？
ありがとうございます！
これ、お借りしたフレームワーク虎の巻の方法を使って思いついたんです
フレームワーク、すごく使いやすいです！
虎の巻ノート
…実は今日、部署内会議でこのアイデアを新規案として提案してみたんです
そうしたら…
え!? そんな突拍子もないアイデア通るわけないよ
もっと無難な案はないのかい？
ウチは何かプラスアルファがないと、他メーカーさんに値段で勝てないから…とは言ってみたんですけど
もっと練り直してこいって…

上司の言うことはもっともだな
ガン
面白いアイデアなんてものは、言葉だけで聞いているとただの無謀だ
上司や役員には頭の固い人が多いヘタを打って失敗したら会社全体のダメージだからな
だからいかに説得力あるかたちでプレゼンできるかが重要になる
君が言ったことを言葉ではなくプレゼンでより具体的に示すんだ
具体的に…って？
数字だよ
キュポッ
自分で体験したことのないことの提示や、固定観念に縛られている役員を説得するには、数字が一番だ
数字…
自分の提案する製品がいかにヒット商品になりえるかをチャートにして「見える化」するんだ

落ち込んでいる
時間はない

プレゼン作りに
かかるぞ

まず、
プレゼンで使う
主なチャートを
書き出してみよう

チャートの種類によっては
表せるものに
向き不向きがある

マトリックス（基本データ）
パイチャート（円グラフ）
コラムチャート（縦棒グラフ）
レンジコラムチャート
バーチャート（横棒グラフ）
ラインチャート（折れ線グラフ）
ドットチャート（散布図）
レーダーチャート
バブルチャート
ボリュームチャート（面グラフ）
ビルドアップチャート
ヒストグラム

効果的なものを
選ぶことが大事だ

そして、
プレゼンで
大事なことは…

マーケティングプロセス

キュッ

マーケティング
プロセス…？

マーケティング
プロセスは、
製品の企画や
コンセプト作成から、
製造、販売、
アフターフォロー
などの
一連の流れだ

プレゼンでは、
新製品の魅力を伝える
だけでなく、
このマーケティング
プロセスを
どこまで具体的に
示せるかで
説得力が増す

マーケティングプロセスの一連の流れ

(1) 環境分析と市場機会の発見
(2) セグメンテーション（市場細分化）
(3) ターゲティング（市場の絞り込み）
(4) ポジショニング
(5) マーケティングミックス（4P）
(6) マーケティング戦略の実行と評価

まず新製品が、市場でいかにニーズがあるかを示すことが重要だ
今回枠井が提案する新製品に当てはめて(1)を分析するとどうなる？
あ、はい！
えっと…

自社製品は高品質ではあるが、大人向け市場だとやや頭打ちで、これからの伸びは見込みづらい…
一方、子ども向け市場は晩婚化による少子化で落ち込んでいるように思えるが、共働きの家庭が増え子育て時期の世帯年収は年々増加しており、子ども一人当たりにかける値段は上昇傾向である

高価だがよりよいものを子どもに与えたい親は増えており
ここに自社商品が参入できるチャンスが広がっているといえる
ふむ そんなところだな
本番ではもう少し言葉をわかりやすくまとめるといい

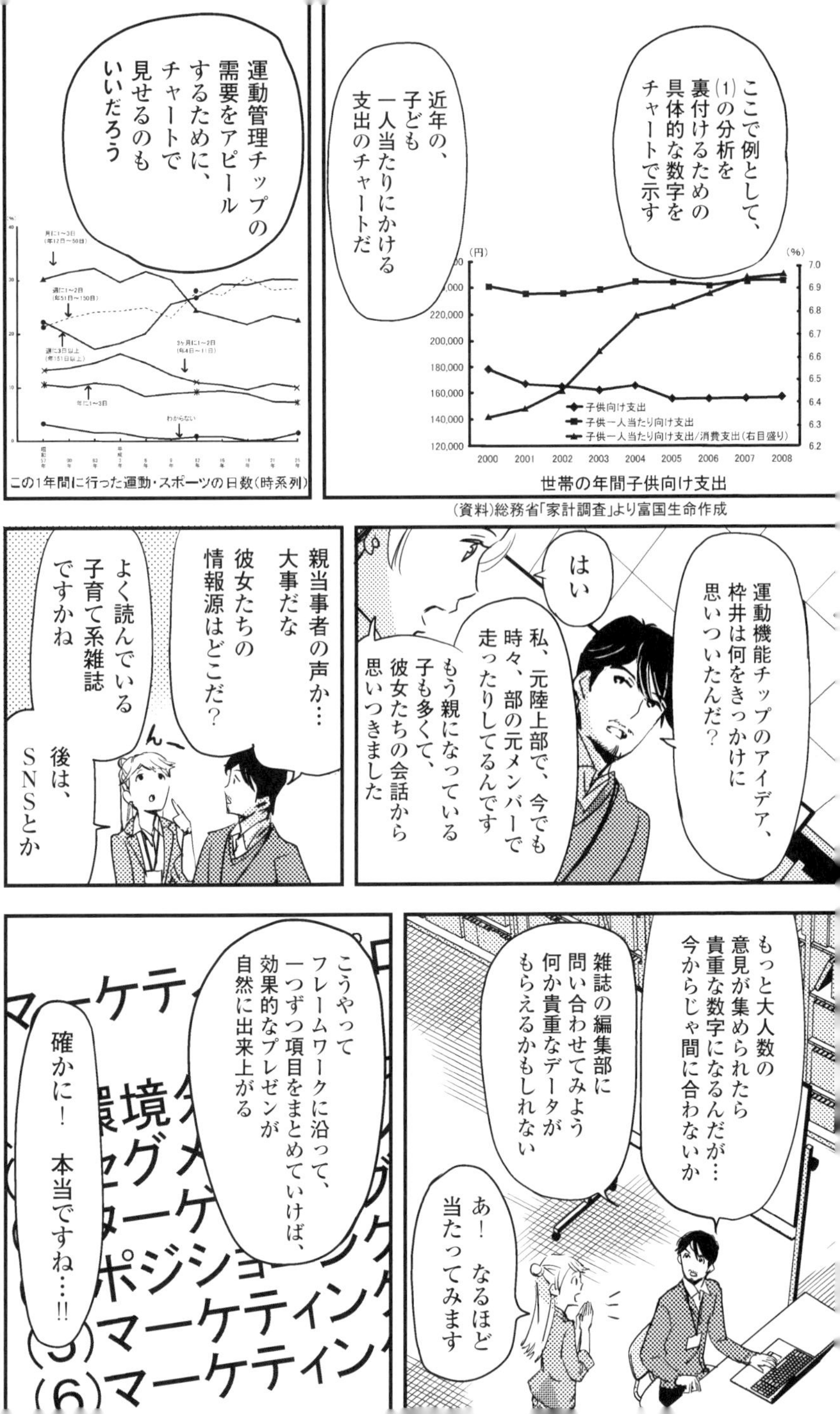

ここで例として、(1)の分析を裏付けるための具体的な数字をチャートで示す

近年の、子ども一人当たりにかける支出のチャートだ

(円)
(%)
220,000
200,000
180,000
160,000
140,000
120,000
7.0
6.9
6.8
6.7
6.6
6.5
6.4
6.3
6.2
2000 2001 2002 2003 2004 2005 2006 2007 2008
子供向け支出
子供一人当たり向け支出
子供一人当たり向け支出/消費支出（右目盛り）

世帯の年間子供向け支出

（資料）総務省「家計調査」より富国生命作成

運動管理チップの需要をアピールするために、チャートで見せるのもいいだろう

(%)
月に1～3日（年12日～50日）
週に1～2日（年51日～150日）
週に3日以上（年151日以上）
3ヶ月に1～2日（年4日～11日）
年に1～3日
わからない

この1年間に行った運動・スポーツの日数（時系列）

文部科学省「体力・スポーツに関する世論調査」（平成25年度1月）より

運動機能チップのアイデア、枠井は何をきっかけに思いついたんだ？

はい

私、元陸上部で、今でも時々、部の元メンバーで走ったりしてるんです

もう親になっている子も多くて、彼女たちの会話から思いつきました

親当事者の声か…大事だな

彼女たちの情報源はどこだ？

よく読んでいる子育て系雑誌ですかね

ん〜

後は、SNSとか

もっと大人数の意見が集められたら貴重な数字になるんだが…今からじゃ間に合わないか

雑誌の編集部に問い合わせてみよう何か貴重なデータがもらえるかもしれない

あ！ なるほど当たってみます

こうやってフレームワークに沿って、一つずつ項目をまとめていけば、効果的なプレゼンが自然に出来上がる

確かに！ 本当ですね…!!

このまま⑵、⑶と考えてみるんだ
はい！
ゴー
⑵のセグメンテーション、市場をさらに細かく分類…か
ガタン
顧客対象としては…ファミリーから細分化して、世帯所得に余裕があって年収700～800万円くらいのファミリー
ガタン
そこから細分化して、子育て中の主婦20代後半から30代後半ー子どもがまだ幼く幼児教育に意識が高いー
ガタン
で、自分たち自身も活動的で健康に気を使っている、健康意識が高い人ー
そして⑵から導き出される⑶のターゲティングは…世帯年収700万円以上で世の中の情報に敏感健康意識が高く子どもの教育に熱心なママさんってとこかな
うーーん
国内経済のチャートをいろいろ見ていると、ポケットマネーで高齢者が孫に買い与えるというのも少なくはないかも
セカンドターゲットとしては、退職金を手にした孫のいるシニア層自分たちが健康に気を使っているぶん孫に対しても同様の可能性は高い
彼らにもこの運動チップは魅力的に映るのではないかしら

プレゼンの道筋がいろいろ見えてくる…
ありがたい！
ピルルル
もしもし枠井、調子はどうだ？
守田くん！
頑張ってるよ 今は新製品提案のためのプレゼン資料作ってる
プレゼンか～ 俺、苦手だ
うあー♪
うん私もダメだったんだけどさ
くすくす
ねえ守田くん、フレームワークって、知ってる？
フレームワーク？
なんかね、ビジネスの先人が作り上げた思考ツールなんだって
このツールを使うと、考えがどんどん整理されて、わかりやすくなってくるんだ
すっごく便利なの
へえ…！ それはすごいな

会社にフレームワークの達人みたいな人がいて、その人がいろいろ便利なフレームワークを教えてくれるんだ
えたいの知れない人なんだけど、頼りになるんだよ
いろいろ教えてくれる上司がいるのはいいことだよな
あまり無理し過ぎないででも頑張れよ
枠井ならきっと大丈夫だ
守田くんー
うん
ありがとう
社内プレゼン1回目
頑張ろう!
ターゲット
・世帯年収700万以上
・20代後半から30代後半の主婦

価格（高）
価格（低）
デザイン
機能
自社
履きやすさ
成長をさまたげない
安全な靴
他社Ⓐ
キャラ物
かっこうよさ
他社Ⓒ
他社Ⓑ
他社Ⓓ
数日後
ドンッ
バタ
バタ
バタ
永沢さん！
バンッ

新製品の企画
通りました…!!
おお!
やったな!
ひとまずおめでとう
は…はい!
だがこれからが本番だ
リリースまで問題は山積みだろう
気を抜くなよ
自分の企画した靴が売り出される…

夢みたい
でも、夢じゃない
はい!!
新製品プロジェクト説明会議
TONITO
各部署が動き出す!

広告
親子雑誌、
オシャレ系お母さん雑誌、
シニア向けの上品な雑誌
ネット広告
ファッション系の
発信サイトで
広報活動
プレリリース
発売二週間前
口コミ
カリスマ主婦
リサさんに
モニターお願い
プロモーション
ミックス
販売促進
フィットネスクラブ前で
スニーカーの
モニター募集のチラシ配り
人的販売
百貨店様回り

企画決定から
1年半——
新製品
ランチャイルド
走る子どもは
未来を創る！
国内運動靴メーカー
エヴァーロードより、
お子様の運動を見守り
未来を創る手助けをする
まったく新しいスニーカーが登場
運動機能を管理できる
活動量計マイクロチップを
お子様の靴にイン
自宅にいながらにして
お子さんの運動量を把握できる
画期的なスニーカーです
NEW

エヴァーロードならではの
靴本来の
品質は保証済み
フィットネスチップは
あのTONITO社製
安心と信頼の
国内メーカー同士のコラボです
Everroad
スタイリッシュ
かつお子様にも喜ばれる
かっこいいデザインで
11月12日、新発売！
Everroad
ランチャイルド
を自然に、健やかに
ヴァーロード、TONITOの
ども向けコラボスニーカー
革新的なTonito製
活動量計マイクロチップ搭載。
NEW RELEASE.
やれるだけのことはやった

オ？
あゆみ！ エヴァーロードの子どもスニーカー！ 広告見たわよ～！
活動量計チップ搭載って何あれ!? すごく気になる!!
あゆみが企画したんでしょ!?
すご～い!!
あ、ありがとう…
リサさんも早速お子さんに買ったんだって！
私も気になってたの
デザインもオシャレだし
ねーっ 欲しいわよね～!!
―なんか
結構話題になってる？

アクティブママたちの間で
ランチャイルドが大ヒット！
今話題の活動量計マイクロチップ入り
子供靴人気の秘密に迫ってみた
子どもの運動量が
わかるって
画期的よね
活動量計入り
子ども靴
ヒットのヒミツ
子ども用
スニーカーとしては
ちょっと
いいお値段しますけど、
わが子の健康のためですし
小さいうちは
たくさん
歩いてほしいもの
ヴァーロード社
うそ…
すごい
枠井くん！
ランチャイルド
すごい反響だよ!!
生産工場
フル回転！
大ヒットだよ～!!
すごい～!!

うう～～！
なんだかまだ夢みたい
は～っ!!
自分の作った靴をたくさんの子どもたちが履いてくれてるんだよ
うれしいよ～っ！
あゆみ頑張ってたもんな
みんなにアイデアもらったんだよ
あの月一マラソン会のときにね
いひひ
あれからもう2年半か
わすれてくれハズカシイ…
きゃー
あはは
子どもの靴にマイクロチップ入れて運動管理、いい思いつきだよな
親は、子どものことはどんなことでも知りたいもんだよ
俺は警備会社にいるから、子どもの安全についての問い合わせは結構あるんだ
問い合わせ？

家から学校までの経路を、安全に見守ってくれるような警備サービスや見守りシステムはないか、とかさ
人件費もかかるし、うちでは一人ひとりの子どもにはとても対応しきれないのが現状だけど、親御さんは心配だろうな
防犯専用の携帯端末なんてのを持たせる親御さんも多いらしいぜ
携帯だとどこかに置いてっちゃったら意味ないけどな
キャー
そうだよね
まあ心配だよな
あ！
剛士くん見て！
あの子たちの靴！
お！ランチャイルドじゃん！
何度見かけてもうれしいな
自分たちの靴、履いてくれてるなんて
わーあの子はやい!!

あゆみはさ、子どもとか、欲しい？
うん、欲しいよ〜！かわいいもん
うん
俺も子ども大好き
…て、
…あ
なーーんて、もう！
どう思います〜？永沢さん〜！
カタカタカタ
カタカタカタカタ

結婚したいんじゃないのか？　枠井と
カタカタカタカタ
や～っ！　やっぱりそうですかね～！
来ちゃいますかね!?
て、すごいぞんざいに答えてませんか？永沢さん
浮かれる気持ちはわからんでもないが、ここに来てノロケる必要はあるのか？
だって誰も聞いてくれないんですもん
永沢さん何だかんだいって優しいから
…永沢さんって、いったい何の仕事やってるんですか？
今でもまだわからない…
カタカタカタカタ
企業秘密だ
もし無事プロポーズされたら、いいフレームワークを教えてやろう
結婚に向けての計画とか、日常生活にもフレームワークは使えるぞ
え！　たとえばどんなのがあるんですか？
たとえば「As is/to be」
へー
新居はどうあるべきか、理想と現実から検討する

「プロ・コンリスト」
国内挙式にするか、海外挙式にするか、メリットとデメリットを整理して比較する
「ガントチャート」
結婚までの準備の、進捗を管理する
「SMARTの法則」
家計を一緒にしたときに、お金をためていく際にSMARTの法則に従って計画する
「企業ピラミッド」
本来は組織の話だが、Why、What、Howの順に構想することは、価値観を共有して、何をTo Doしていくのかを考える上で使える
い、いっぱい！
まだあるが、後は実際に使うことになったら教えよう
結婚決まるといいいな
♪
ガチャ
ん？
ザワ
え…
やばいぞ
ザワ
どうしたんですか？
あ、枠井くん！
ちょっとこれ見てよ

シューフィット社の今度の新製品がさっき発表されたんだ
シューフィット社
活動量計入り子供靴を
春に向けて発売
海外発の人気シューズ
新境地に切り込む
「新しい子ども向けの運動靴」らしいんだけど
値段が半額くらいで
ウチのランチャイルドとまったく同じ
活動量計のチップ入り…
えー？

STEP 2-1

データを見やすくする基本「マトリックス」

マンガの中で、永沢さんが「固定観念に縛られている役員を説得するには数字が一番」と言っているように、プレゼンでは、頭の固い人を説得する際には数字を根拠とするのが有効です。**こうした数字を整理するための基本中の基本が、マトリックスです。**

マトリックスとは、元来は数学用語の「行列」を指します。行列では、セル（マス目）に並んだ横の数値の並びを「行」、縦の並びを「列」と呼び、行と列の交差したセルに、その計算結果を入れます。Excelで言う「表組み」「テーブル」などとほぼ同義です。

マトリックスは、データを整理するチャートとしては一番、基本的なものです。m行×n列のマトリックスの各セルに計算結果を入れていきます。計算結果は必ずしも数値だけではありません。ビジネスフレームワークでは、2×2や3×3のマトリッ

図6

マトリックス表現の改善例

6列（column）

5行（row）

	価格	機能	デザイン	サポート	合計
A社	80	78	76	28	262
B社	92	65	65	57	279
C社	78	49	80	43	250
D社	46	77	44	50	217

5×6のマトリックス（行列）

	価格	機能	デザイン	サポート	合計
A社	80	78	76	28	**262**
B社	92	65	65	57	**279**
C社	78	49	80	43	**250**
D社	46	77	44	50	**217**

クスをよく使います。

ここで、マトリックスを見やすくするコツをお教えしましょう。これらを意識して作ると、データがグッと見やすくなります。

上の図6のように改善前と改善後を比較すると、一目瞭然でしょう。

・基本はシンプルなデザインを意識し、むやみに色や罫線を使い過ぎない。
・メッセージに不要なデータは入れず、必要最小限の行列にする。
・多項目にわたるものは、セルを統合したり、罫線を省略したりしてグルーピングする。

・行数や列数が多い場合は、1行おきにカラーリングする。
・項目名は太字にする、罫線を入れる、色を変えるなどして強調する。
・特定の範囲のみ種類が異なる場合は、罫線などで区分する。

このように、マトリックスは数値データをとりあえず分類するのに非常に便利ですが、パッと見たところでは、その問題点やメッセージを見いだすことは難しいため、ボリュームゾーンが一目でわかるように、多くの場合はマトリックスをベースとして、この後紹介するようなさまざまなチャート（グラフ）で表していきます。とはいえ、マトリックス上のデータがチャートのベースになるので、しっかりと目的に合ったデータで適切に構成されるように工夫しましょう。

STEP 2-2

構成要素の比率が丸わかり！「パイチャート」

では、ここからは、仕事で使いこなせるようになりたいチャートをいくつか紹介していきます。

パイチャート（円グラフ）とは、360度の円を、百分率に合わせて0時の方向から時計回りに扇状に区切ったグラフ表現です。主に、データ（構成要素）の比率を示すために使われます。

基本のかたちはドーナツ型か円ですが、まれに半円や二重円などが使われることもあります。一番ベーシックなパイチャートはドーナツ型で、次ページの図7のように、中央の円の中に全体の統計数値を入れます。また、データは比率の高い順に、0度の方向から時計回りに並べ、色分けするなど、構成比が把握しやすくなるようにします。比率の小さいデータは、最後に「そのほか」としてまとめます。

プレゼンでは、特に強調したいデータのみ、目立つ色に変えたり、データを円から

図7

パイチャートの基本形と強調時の注意点

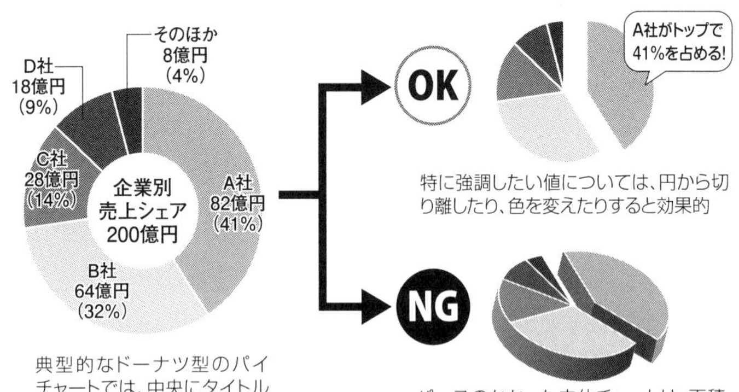

典型的なドーナツ型のパイチャートでは、中央にタイトルと総計を入れて、シェアの高いものから時計回りに表現する

特に強調したい値については、円から切り離したり、色を変えたりすると効果的

パースのかかった立体チャートは、面積が正しく把握できないため、なるべく使わないほうがよい

切り離したりすると効果的です。すべてのデータを分離させる表現も可能ですが、あまり意味はありません。あくまで強調したいデータのみ視覚的なインパクトが強まるように注意しましょう。

また、パイチャートの演出方法として、パースのかかった立体表現も可能です。しかし、チャート作成の目的は「面積の大きさや棒や長さでデータの値を可視化する」ことにあるわけですから、3Dチャートは逆効果です。よほどのことがない限り、使わないほうが賢明でしょう。

STEP
2-3

同じ項目の比較には「コラムチャート」

コラムチャート（縦棒グラフ）は、最もよく使われるチャートの一つです。コラムとは、柱、円柱、あるいは数学用語で「縦の列」を意味します。**項目間の比較をしたり、時系列変化を示したりするときに使えるチャートです。**通常は、項目をチャートの水平方向に示し、データの値は垂直方向に示します。時間経過を示す場合は、水平方向に時系列を取ります。

115ページの図8で示しているように、コラムチャートには基本形に加え、スタックドコラムチャート（積み上げ縦棒グラフ）といったバリエーションもあります。これは、項目ごとにその構成要素の内訳も同時に示すものです。たとえば、商品A、B、C、Dごとに1年間の売上高推移を示したコラムチャートがあるとします。図8の中央で示しているように、スタックドコラムチャートなら、各月の売上高における商品別の構成比率も同時に把握できます。

また、積み上げ式ではなく、一つの項目に対して、複数のデータを一緒に示すグループコラムチャートという表現方法もあります。一番下の図です。こちらは、月次の売上高と利益を同時に示すような場合に有効です。2、3くらいの同時表示であれば、こちらも便利です。

さらに、コラムチャートのバリエーションとして、株価などを示すのに便利なレンジコラムチャートや、度数分布を示すために使われるヒストグラムなどもあります。これらは、後の項目で紹介していきます。

パイチャートと同様に、コラムチャートも、データを見る人に誤解や混乱を生むので、むやみに3Dやパースのかかったグラフを使うのはやめたほうがいいでしょう。

なお、そのほかの注意点としては、一番縦に長いデータに合わせて軸を取ることです。大きな値があるからといって、省略すると全体像が把握できなくなります。

また、項目間のスペースはしっかり取ったほうが見やすくなります。目安として柱の幅程度に間隔を取るとよいでしょう。

図 8

コラムチャートの三つのバリエーション

一般的なコラムチャート（縦棒グラフ）

チャートの基本形。3Dやパースのかかった表現もできるが、誤解や混乱を招くので、なるべく使わないほうがよい

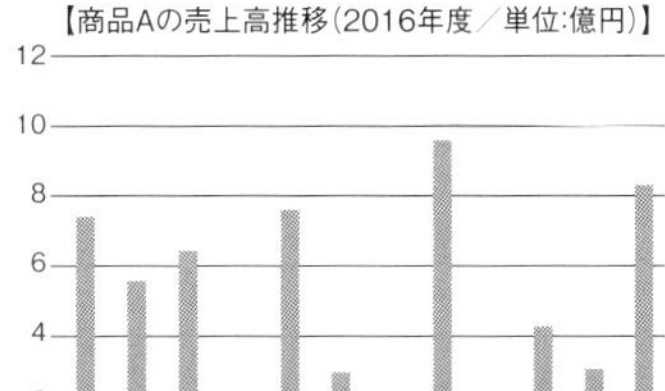

スタックドコラムチャート（積み上げ縦棒グラフ）

全体の大きさと内訳を同時に表すのに便利。ただし、各項目別の変化がわかりにくいというデメリットがある

【商品A、B、C、Dの売上高推移（2016年度／単位:億円）】

商品A 商品B 商品C 商品D

40 35 30 25 20 15 10 5

Jan Feb Mar Apr May Jun Jul Aug Sep Oct Nov Dec

コラムチャートのグループ化

2〜3程度の項目であれば、並列して表示することができる。これはグループコラムチャートと呼ばれる

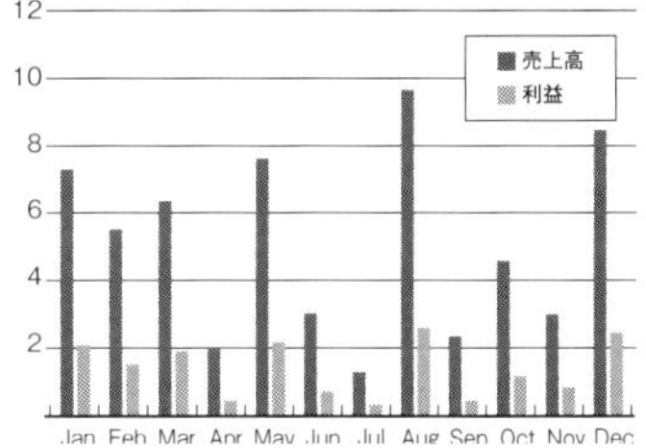

STEP 2-4

ある期間内での変動幅を示すには「レンジコラムチャート」

金融関係のニュースでは、日単位あるいは週単位や月単位で、期間内の変動幅を時系列で示した株価チャートを見ることが多いと思います。

レンジコラムチャートは、株価のように一つの項目（たとえば日時）に対して変動幅のある棒グラフのことです。次ページの図9を見てください。

通常のコラムチャートでは、一つの項目に対して一つの値だけですが、**レンジコラムチャートは、変動する市場価格（最高価格と最低価格）、自然界においては気温（最高気温と最低気温）など、同じ期間で測定した最高値と最小値を同時に示すことができるメリットがあります。**

レンジコラムチャートを作る場合には、「高値」「安値」「終値」のような系列のExcelデータを用意します。

レンジコラムチャートを使う意味というのは、単なる時系列変化を見るだけでな

図9

同じ期間で測定した最高値と最小値を同時に示すレンジコラムチャート

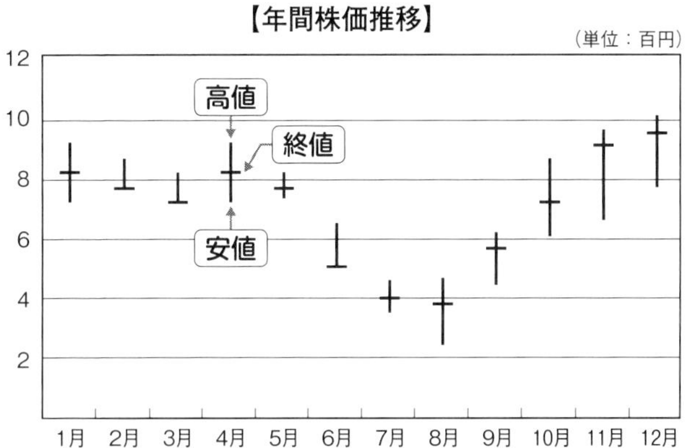

く、変動幅を可視化することにあります。

全体的には同じトレンドを示す時系列変化であっても、短期間での変動幅が広ければそれだけ「ムラ」があるということです。

STEP 2-5

項目ごとの比較に最適な「バーチャート」

バーチャート（横棒グラフ）は、基本的にはコラムチャート（縦棒グラフ）を横にしただけのものです。しかし、横軸には目盛りを取って、縦軸に項目名を取ります。そのため、**コラムチャートと違い、時系列変化を示すには適していませんが、縦軸に項目名を取るため、項目名が多少長くてもレイアウト的に問題ない、というのが大きなメリットです。**

コラムチャートでは、項目名が長いと隣の項目とぶつかるため、項目名を縦書きにしなければなりません。しかしこれでは、とても読みづらいですね。コラムチャートでは見づらいものをバーチャートに置き換えると、とてもわかりやすいビジュアルにすることができるのです。

また、バーチャートには、次ページの図10のように同じ項目名について左右対称にバーチャートを並べるペア・バーチャートにすることで、二つのデータを比べやすく

図10

ペア・バーチャートによる相互比較

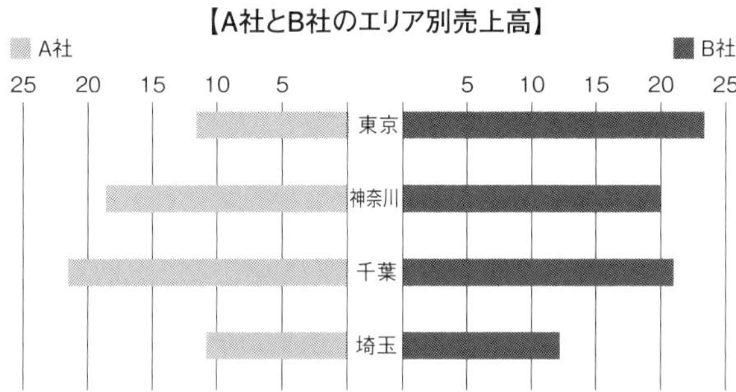

このような相互比較は、コラムチャートよりもバーチャートのほうが便利。双方で共通する項目を中央に配置することで、より一層ビジュアル的に把握しやすくなる

できる、というメリットもあります。たとえば、A社とB社の5つのエリア別売上高を比較する場合に、エリアごとの相関関係を示すことができ、強いエリアと弱いエリア、あるいは両社が均衡しているエリアが一目でわかります。

そのほか、バーチャートは、プロジェクトのスケジュール管理などにも使われます。スケジュール管理では、縦軸に作業タスクを置き、横軸には日程を置きます。バーの長さは、各作業の所要時間を表し、どの作業がいつ終わるのか、現時点でどの作業が進んでいるのかを一目でわかるようにすることができます。

STEP 2-6

連続した時系列変化を表現する「ラインチャート」

ラインチャート（折れ線グラフ）とは、縦軸に数値、横軸に経過時間を取って、経過時間ごとの値を線で結んだものです。たとえば、次ページの図11で示している、日経平均株価のように、時間によって刻々と変動する値の推移を表すのに適しています。

時系列変化を示すのはコラムチャートでも可能ですが、コラムチャートが縦棒によって規模を強調するのに比べると、角度の大きさが変化の大きさを示すラインチャートを使うほうが値の変化を強調しやすいと言えるでしょう。

また、ラインチャートは、同時に複数の時系列変化を示すのに便利なチャートでもあります。たとえば、主要先進国の金利が直近の3年間でどのように変化しているかを示すような場合です。この場合、各国の金利は重なったり、交差したりします。ほかのチャートでこうした複雑なトレンドを示すのは非常に難しいでしょう。ライン

図 11

ラインチャートで示す日経平均株価の推移

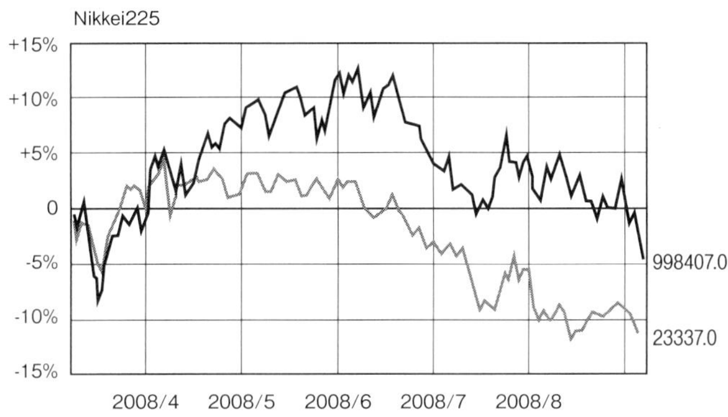

チャートは、ラインが重なっても、識別さえできればよいのでとても使い勝手がよいのです。

また、ラインチャートは、ほかのチャートと組み合わせて使いやすい、という特徴も持っています。中でも、コラムチャートとの親和性が高いです。身近なところでは、株価と出来高の組み合わせ、売上高と前年同月比の伸び率の組み合わせなどが考えられます。

STEP 2-7

2項目間の相関関係を示す「ドットチャート」

ドットチャート（散布図）は、名前の通り、xy座標上に、データの値をドットでプロットしていくチャートです。**多数のデータ値をプロットしていくことで、xとyとの関係になんらかの相関関係を見いだすために用いられます。科学的な研究では、データ間における傾向や関連性を発見するためにドットチャートが頻繁に使われています。**

相関関係になんらかの方程式が見いだせれば、将来において一方の値によって、もう一方の値を予測することが可能となります。たとえば次ページの図12のように、自動車の時速と制動距離の関係を実験結果としてプロットすると一定の数式が成り立ちます。その関係式がわかれば、ある時速によってどのくらいの制動距離が必要かを事前に予測できるというわけです。

また、ドットチャートのバリエーションとして、データポイントを折れ線でつない

図12

自動車の時速と制動距離の関係を示すドットチャート

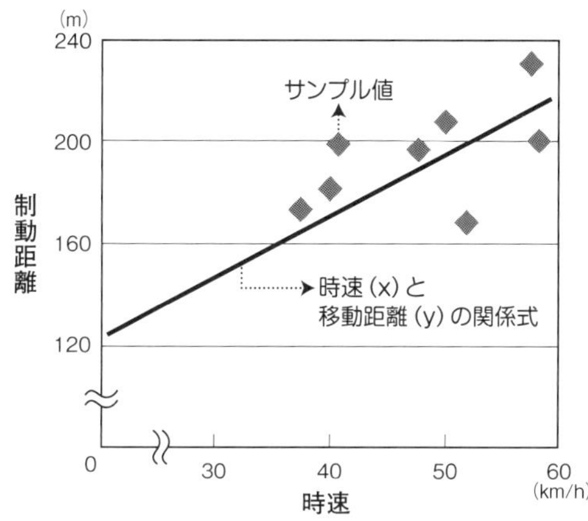

だ散布図を作ることもできます。データ間は、直線あるいは平滑線で表示することができます。マーカーの有無も指定することが可能です。見やすいデータを作るための工夫としてぜひ試してみてください。

STEP 2-8

「レーダーチャート」で、複数項目の数値を同時に比較

レーダーチャートは、正多角形上に放射状に伸びた軸に、データをプロットし、それを折れ線グラフでつないだものです。そのかたちから、クモの巣（Spider）チャート、スター（Star）チャートなどとも呼ばれます。

レーダーチャートは、次ページの図13のように、複数項目の値を同時に比較することができるため、商品ごとの性能比較などによく使われています。このチャートでは項目ごとの値を折れ線で把握できますが、より見やすくなるように折れ線の内側を塗りつぶすと効果的です。

また、**レーダーチャートはコラムチャートなどを使うのに比べて、各項目のバランスのよし悪しが一目でわかります。**均等に放射状に伸びて、折れ線内側の面積が広いほど、いいデータであることを示します。そのため、製品の性能比較や食品に含まれる栄養価を示す場合などにも、よく使われています。

図13

各商品の性能を比較するレーダーチャート

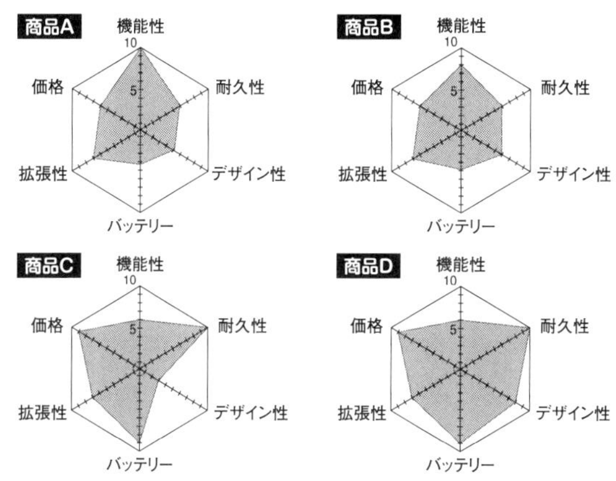

ちなみに、レーダーチャートは、正多角形で表現されますが、その項目数に制限はありません。ただし、視認性を考慮すると、せいぜい5~8角形（＝項目数）くらいまでが現実的でしょう。チャートは、データを相手にわかりやすい形で可視化するためのもの、ということを忘れないでください。

STEP 2-9

全体に占める割合が、円の大きさでわかる「バブルチャート」

バブルチャートはドットチャートの一つです。2本の座標軸の上に、3軸目の指標として「大きさ」を示す円（バブル）を配置したものをバブルチャートと呼びます。わかりやすく言えば、大きさが把握できる散布図というわけです。

バブルチャートのメリットは、次ページの図14で示しているように、2次元グラフにおいて、円の大きさで3次元目の値を同時に表すことができることにあります。

バブルチャートは、データチャートであると同時に、ビジネスフレームワークでもよく使われます。たとえば、成長性と競争力から製品構成を戦略的に決定するフレームワークであるPPM（プロダクト・ポートフォリオ・マネジメント）は、縦軸に市場成長率、横軸に相対マーケットシェアを取り、マトリックス内にプロットした事業の売上規模をバブルの大きさで示します。

また、事業の見直しを図るときに使えるバリューポートフォリオでも、縦軸に企業

図
14

2次元グラフで3つの値を同時に表示できるバブルチャート

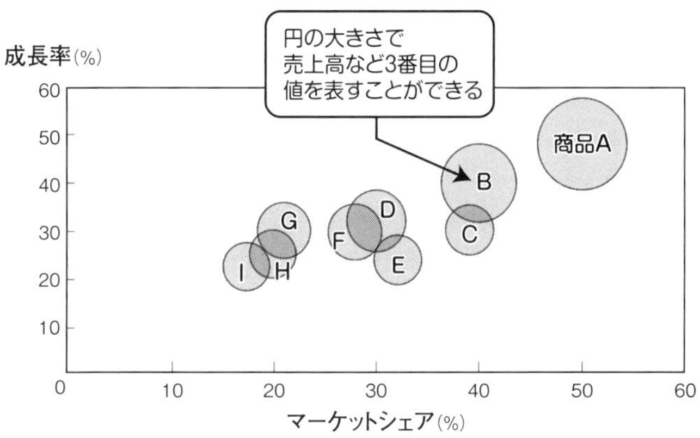

ビジョンとの整合性、横軸に投資効率を取り、各事業の規模（売上や利益の大きさ）をバブルの大きさで表して、マトリックス内にプロットします。

このようにバブルチャートはデータチャートであると同時に事業のポートフォリオ分析には欠かせないコンセプトチャートでもあるので、ぜひ使いこなせるようにしておきましょう。

STEP 2-10

構成要素の推移を面積で把握！「ボリュームチャート」

時系列変化において、連続した変化量を示すのであれば、次ページの図15のようなボリュームチャート（面グラフ）がオススメです。

ボリュームチャートは面積の広さで規模が把握できるため、総量や構成比率などを把握しやすいのが特徴です。連続した変化量を示すチャートとして、ラインチャートがありますが、構成比率を示すのには適していません。また、スタックドコラムチャートでも総量、構成比率、時系列変化の三つを示すことができますが、ボリュームチャートは、連続した変化を示すことができるため、より細かい変化量を把握することができます。

また、コラムチャートなどと違って、項目間のつなぎ目をなくして、連続データとしている点も、ボリュームチャートの特徴です。項目間がつながって面になるため、規模を表すのにより都合がいいのです。

図
15

各データの量の変化を面積の変化としてとらえられるボリュームチャート

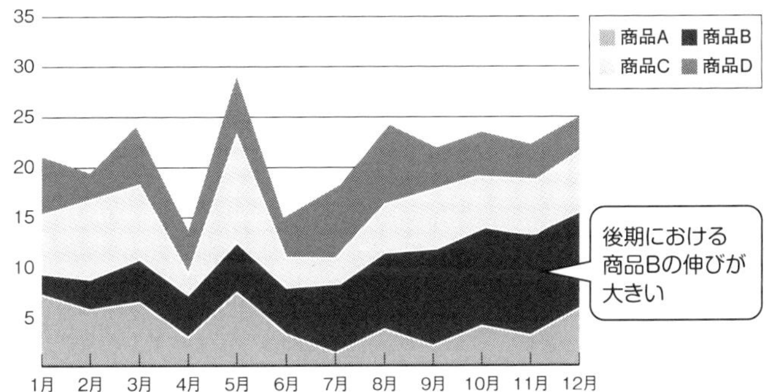

さらに、このボリュームチャートのバリエーションとして、全体量を固定し、その構成比率だけに絞ってデータを示すものもあります。ここで紹介している基本のボリュームチャートをマスターしたら、ぜひそちらの作成にもチャレンジしてみてください。

STEP 2-11

棒グラフをかっこよく見せる「ビルドアップチャート」

全体に含まれる各構成要素を分解して示すような分析で使われるのが、ビルドアップチャートです。建造物を建てていくさまに似ていることから、このように呼ばれています。

ビルドアップチャートは、言ってしまえば棒グラフの構成要素を分解して階段状に並べただけのチャートです。しかし、**普通の棒グラフでは表しにくいマイナス値目標に対するギャップを表すことができるのが特徴です。**

このチャートは、コンサルタントが好んで使います。あなたも自分の企画書に使えば、周囲の反応がいつもと違ってくるかもしれません。

たとえば「利益目標までの改善活動」をビルドアップチャートで表す場合、まず、利益目標と現状を比べ、目標達成のためにプラスアルファでやれそうなことを階段状に追加していきます。それでも足りない部分は点線の四角でギャップとして示すので

図16

構成要素を分解して示すのに便利なビルドアップチャート

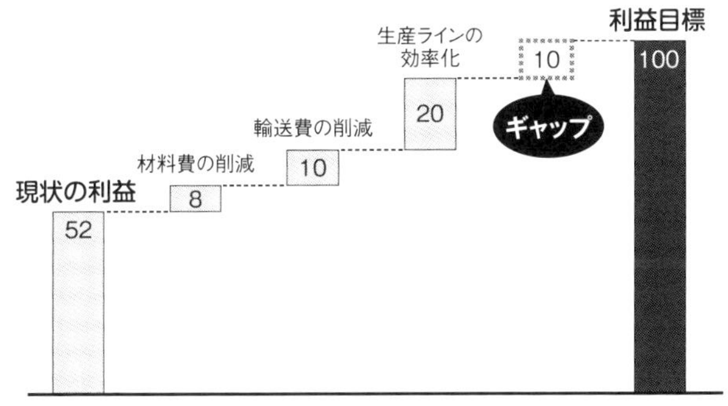

す。上の図16を参考にしてください。こうして、これからやることの重要性と残された課題が明確になるのです。

Excelには、ビルドアップチャートやウォーターフォールチャートというグラフの種類はありませんが、実際の作成はスタックドコラムチャートと同じです。ですから、グラフの種類は「積み上げ棒グラフ」を選びます。ただし、データの準備がちょっと面倒で、実際には見えていない各要素の下部分も数値を準備しなければなりません。この手のチャートはExcelよりもPower Pointで作ってしまったほうが手っ取り早いでしょう。

STEP 2-12

データの分布をグラフ化する「ヒストグラム」

ヒストグラム（度数分布図）とは、次ページの図17のように、縦軸にデータの個数、横軸に階級をとった統計グラフです。横軸の階級は、連続性がなければいけません。たとえば、年齢を10歳ずつ区切った区間、身長を1センチずつ区切った区間など、一定の間隔を取った小区間を横軸の目盛りに割り当てます。

ヒストグラムは、データの分布状況を可視化できるため、統計学のほかにも数学、画像処理などで使われています。デジタルカメラなどで「ヒストグラム」を表示すると、写真に含まれる色の濃度分布が示されるので、見たことがある人も多いでしょう。そのほかで身近なところでは、オーディオのイコライザで周波数別に音量レベルが動いているヒストグラムなどもあります。

見た目は似ていますが、ヒストグラムはコラムチャートとは明らかに違うタイプのチャートです。コラムチャートでは、データの数値を棒の高さで表しますが、ヒスト

図17

縦軸にデータの個数、横軸に階級をとった統計グラフ、ヒストグラム

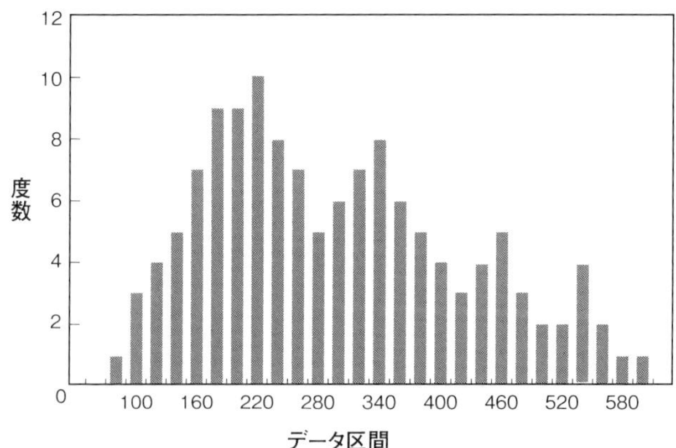

グラムでは小区間（データ区間とも言います）に含まれるデータの個数（度数）を棒の高さで表します。またそれに加えて、コラムチャートでは、隣の項目とは必ずしも連続性がないため、棒自体は独立させ、隣とは間隔を空けますが、ヒストグラムでは、棒の幅を小区間に合わせたほうが自然なため、隣の区間と接するようなかたちになります。

STEP 2-13

「マーケティングプロセス」を踏まえて、「売れる仕組み」を作ろう

マンガの中で、あゆみちゃんがプレゼンで大事なことの一つとして教わったのが、マーケティングプロセスです。**マーケティングとは、販売促進やプロモーション活動のみを指すのではなく、製品の企画やコンセプト作成から、製造、販売、アフターフォローまでを総称した言葉です。**その一連の流れを示すのが、マーケティングプロセスで、次のような6つの流れから構成されています。

1. 環境分析と市場機会の発見

自社の強みを活かすことができて、なおかつ規模が十分に大きい、または成長性が高い市場を発見します。つまり、儲かりそうな市場を選ぶということです。

2. セグメンテーション（市場細分化）

その市場を潜在顧客のニーズやプロファイルによって、さらに細かく分類します。分類された小さな潜在顧客グループを、「セグメント」と呼びます。たとえば、性別や年齢、年収、居住地などの条件でセグメントを分けていきます。

3．ターゲティング（市場の絞り込み）

そのセグメントの中で、自社の強みが特に有効そうなセグメントの組み合わせを一つに絞り、絞り込まれた対象を「ターゲット」と呼びます。たとえば「30代女性で首都圏に住む年収500万円以上」をターゲティングする、といった具合です。

4．ポジショニング

ターゲットとなる潜在顧客に、自社製品が価値あるものとして認識してもらうために必要な提供価値を検討します。

5．マーケティングミックス（4P）

商品の提供価値がターゲットに伝わるように、マーケティングの施策を考えます。

4Pは、製品（Product）、価格（Price）、流通（Place）、プロモーション（Promotion）の頭文字をとったものです。これらを組み合わせて、売れる仕組みを考えます。これがマーケティング戦略となります。

6．マーケティング戦略の実行と評価

実行したマーケティング戦略がどれくらいの成果に結びついたかを検証します。

マンガであゆみちゃんが行った、1の「環境分析と市場機会の発見」を見てみましょう。彼女は、自社の強みを高品質の商品を提供できる点にある、としました。つまり、老舗ならではの技術力に着目したのです。そして、その強みを活かせる市場を、少子化で子ども一人に使うお金は上昇傾向にあることから、子ども向け市場に見いだしています。

さらに、2の「セグメンテーション」で、潜在顧客全体をより小さなグループに分けた上で、3の「ターゲティング」でターゲットを「世帯年収が700万円以上で世の中の情報に敏感、健康意識が高く、子どもの教育に熱心なママさん」というところ

まで絞り込めました。ここまでは申し分のないフレームワークの活用です。

ここで、2のセグメンテーションの進め方について少し詳しく解説しておきましょう。セグメンテーションは、たとえば次のような手順で行います。

1. まず全体を「性別」「年齢」「所得」でセグメンテーション（細分化）する
2. 次に、たとえば、「年収1000万円以上」のリッチな「40代」「女性」というように特定のセグメントの組み合わせでターゲットを決める

最近は、消費者の好みが多様化しています。総花的に行うと失敗する可能性が高まります。そのため、自社の弱みや競合優位性を考慮して、有利に戦える市場を探す必要があります。

顧客のセグメンテーションで利用される尺度としては、年齢、収入、家族人数などといった「人口統計的区分」、国、地域などといった「地理的区分」、性格やライフスタイルなどといった「心理的区分」、購買頻度といった「行動的区分」などがあります。

このように、一口にマーケティングプロセスといっても、非常に奥深いコンセプトなのです。なぜなら、マーケティングプロセスは、顧客接点においての企業戦略そのものであり、売上や利益の原資はすべてここから発生するからです。

STEP 2-14

商品を知ってもらうアプローチを組み合わせる「プロモーションミックス」

当然のことながら、消費者に知られていないものは買わせることができません。そのため、**企業は消費者に対してさまざまな情報提供活動（マーケティング・コミュニケーション）を行う必要があります。** これがプロモーションです。このプロモーション活動は、大きく分けて次の5つの要素から成り立っています。これらを組み合わせてプロモーション活動を行う方法を、プロモーションミックスと呼びます。費用対効果を考慮しながら、これらを巧みに組み合わせることが重要です。

1．不特定多数にメディアで行う広告

広告は、メディアを通じて不特定多数の消費者に対して行う一方的な有料のプロモーションです。電波系（テレビやラジオ）、印刷系（新聞、雑誌、チラシ）、ネット系に大別されます。ネット広告は、バナー広告をはじめ、検索連動広告、コンテンツ

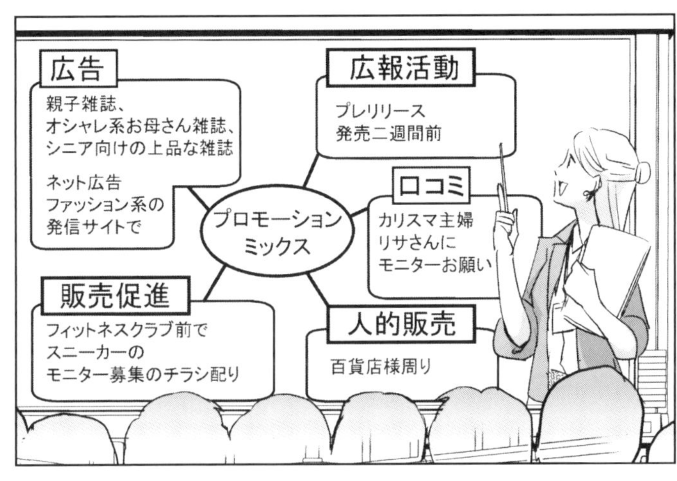

マッチ広告、成功報酬型のアフィリエイト広告など多岐にわたります。

2. 特定の消費者にキャンペーンを行う販売促進

販売促進は、広告と違い、特定の興味・関心を持つ消費者に対して行う一方的なプロモーション手段です。セールスプロモーションの略で、SPと呼ばれる場合もあります。手法はさまざまですが、サンプルを配布する直接的なものから、ロゴや商品情報入りのグッズ配布、成約時のプレゼント交換など一定期間に特別な価値を提供するキャンペーンなどがあります。

3．昔ながらの人的販売

営業パーソンや販売員が、実際に対面で商品説明などを行う双方向のプロモーション手段です。顧客と直接コンタクトを取り、商品説明などさまざまなコミュニケーションを通じて販売を促進させます。

4．仕込みは難しいが、大きな効果が期待できる広報活動（パブリシティー）

マスコミなどパブリックな媒体を使って商品を「宣伝」ではなく、「広報」する一方的なプロモーション手段です。メディアにとっては「報道」という位置づけでもあります。一般的にパブリシティーは無料ですが、有料で商品を取り上げてもらったり、取材してもらったりする方法もあります。

5．注目を集めるが、「炎上」すると収拾がつかなくなってしまう口コミ

口コミを使った販売促進は、「バズマーケティング」と呼ばれ、注目を浴びています。特にネットでの口コミによる情報なしに現代の商品購入はありません。しかし、サイトが「炎上」するなど、企業にとって対応がなかなか難しいのも事実です。

STEP
2-15

目標と現状の差を知る「As is/to be」(ギャップ分析)

フレームワークは、何も仕事に限ったツールというわけではありません。日常生活や個人的な問題の解決にも、大いに役に立ってくれます。たとえば、マンガの中では、フレームワークの師匠の永沢さんが、あゆみちゃんに「結婚に向けての計画に使えるフレームワーク」としてAs is/to be、プロ・コンリスト、ガントチャート、SMARTの法則、企業ピラミッドを紹介しています。順番に説明していくことにしましょう。

まず、**As is/to beとは、現在の姿(As is)と、あるべき姿(to be)の意味で、現状と目標の差についての問題を意味します。**別名ギャップ分析ともいわれ、見えづらい問題や課題を把握する際に使用されるフレームワークです。

たとえばA社では、残業ゼロにしたい(to be)という目標を立てたとしましょう。

しかし、社員一人ひとりが担当する仕事量が多く、定時に帰るのは難しいというのが現在のA社の姿（As is）でした。

As is/to beでは、これらのギャップに着目して現状をどうすれば目標（理想）に近づけられるのかを分析し、解決策を考えます。先の例では、たとえば、多忙さの解消が対策となります。

また現状には取りたてて問題がないと思われる場合でも、ギャップ分析を行うことで見えにくい課題を発見できるケースもあります。

ビジネスでは常に成長を目標としていますが、成長した姿と理想に差異がないか、見つめ直すのにも有用なフレームワークです。

STEP
2-16

選択肢のいい面と悪い面を比べるのに便利な「プロ・コンリスト」

プロ・コンとは英語の「Pros and Cons」の略で、英語の辞典によれば、ある物事の「いい点と悪い点」などと説明されています。

プロ・コンリストは、ある選択肢について、そのメリットとデメリット（長所と短所）を明らかにするためのフレームワークです。ビジネスで意思決定が必要なときに、複数の選択肢において、それぞれのよし悪しを整理できれば、判断しやすくなります。

プロ・コンリストでは、次ページの図18のように、そのメリットとデメリットを2×2マトリックスの表組みにまとめます（選択肢が多い場合は、そのぶん、行を増やします）。たとえば、ある新商品の販売方法として、自社でセールスパーソンを雇用して直接販売を行うか、あるいは代理店を開拓して間接販売を行うか、二つの選択があるとします。

図
18

直接販売と間接販売におけるプロ・コンリスト

	Pros（よい点）	Cons（悪い点）
選択肢 1　自社で営業を雇い直接販売	●販売計画が立てやすい ●自社商品なので熱心に売る ●顧客の声を直接聞ける	●固定費の負担が重い ●顧客との接点が限られる ●営業パーソンの数に限界がある
選択肢 2　代理店経由で間接販売	●多くの営業リソースがある ●固定費の負担が少ない ●代理店の顧客チャネルが活用できる	●販売の見通しを立てにくい ●顧客の声が聞けない ●他社商品を熱心に売ってくれないというリスクがある

直接販売のよい点には、「販売計画が立てやすい」「自社商品なので熱心に売る」など思いつくかぎりのメリットを箇条書きします。一方、悪い点には、「固定費の負担が重い」「顧客との接点が限られる」などが考えられます。間接販売のプロとコンも同様に記入します。

プロ・コンリストを作成する場合は、いろんな視点から項目を記入できるよう、ブレーンストーミングを行い、複数人でリストアップしたほうが、よりよいでしょう。

STEP
2-17

作業の流れと所要時間が一目瞭然！「ガントチャート」

ガントチャートとは、工程の順番を縦軸に、日程を横軸にして、工程ごとに開始から終了までをバーチャート（横棒グラフ）として表し、所要時間を示す表です。

各工程には、プロジェクトの進行管理用に、工程の開始日と終了日が記載されます。変更があった場合（多くの場合は作業の遅れ）は、随時更新することで、現在の進行度と課題が一目でわかります。救援が必要な工程や余剰となっている部門も把握できるため、進行管理者やマネジャーにとってはかなり使えるツールと言えるでしょう。

次ページの図19を見てください。これを、マンガの主人公のあゆみちゃんのように、結婚式までのスケジュール管理に応用するなら、たとえば、結婚式の日から逆算して、8〜6カ月前には結婚式場の下見、3カ月前には招待状の印刷、2カ月前に司会者の決定、1カ月前に式のリハーサルなど、やるべきことをガントチャートにして、進捗を管理することができるのです。

図19

マンガの例のように結婚式までのスケジュール管理でガントチャートを作ると……

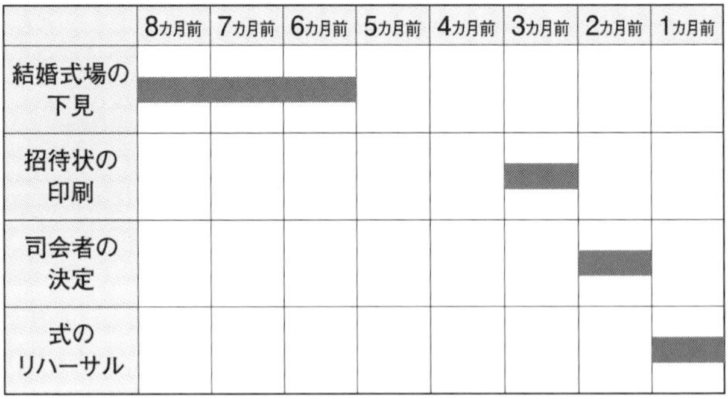

	8カ月前	7カ月前	6カ月前	5カ月前	4カ月前	3カ月前	2カ月前	1カ月前
結婚式場の下見	■	■	■					
招待状の印刷						■		
司会者の決定							■	
式のリハーサル								■

ガントチャートは、Excelなどの表計算ソフトで、誰でも簡単に作成できます。

スケジュールの作成では、最初から無理な日程にしないことも重要です。開始日は早めに、終了日はギリギリにならないように、なるべく時間に余裕を持たせ、不測の事態が発生しても対応できるようにします。進行が順調な部門と遅れ気味の部門を常に把握しておくことで、遅れ気味の部門に援軍を出すといったシチュエーションも考慮しておきましょう。

STEP 2-18

目標を作るための5つの指標「SMART(スマート)の法則」

SMARTとは、具体的にわかりやすく (Specific)、測定可能な (Measurable)、達成可能な (Achievable)、結果重視の (Result-oriented)、期限つきの (Time-bound) の5つの指標の頭文字を取ったものです。目標をできるだけ具体的にすることで、実現可能性を高める手法です。次の5つの指標に基づき、目標を明確に提示します。

1. 具体的にわかりやすく (Specific)

目標が抽象的だと意味も効果も薄くなります。「○○をやる」と具体的な行動にブレークダウンすることが大切です。

2. 測定可能な（Measurable）

目標を客観的に測ることのできる数値の目標にします。たとえば「コスト削減」ではなく、「現在のコスト比で20％以上の削減」などとします。

3. 達成可能な（Achievable）

「売上を10倍に」といった無謀な数値では信用されません。手が届きそうな目標を設定しましょう。

4. 結果重視の（Result-oriented）

社内や自身にとって意味があり、挑戦すべき目標を設定しましょう。

5. 期限つきの（Time-bound）

目標は何年もかけて達成するものではモチベーションが保てません。四半期内、半期、年間などの期限で評価できるように、短・中期に設定するのがよいでしょう。

STEP
2-19

会社の意思決定の仕組みがわかる「企業ピラミッド」

企業活動はよく、151ページの図20のような3段のピラミッドにたとえられます。

ピラミッドのトップに位置するのが企業理念・経営ビジョンです。これは長期的な視点に立って「なぜ私たちの企業が存在しているのか?」という「WHY」を構想する部門で、経営者や経営陣が担います。企業理念を従業員全員でシェアできていることは、企業の大きな強みになります。企業理念には、「ミッション（会社が果たすべき社会的使命）」「ビジョン（会社の将来像）」「バリュー（顧客に提供していく価値）」などが含まれます。

ミッションとビジョンはしばしば混同されがちです。ミッションは会社としての存在理由や使命を指すもので、たとえば「地球環境に優しい×××を提供する」といった文言になります。一方、ビジョンは「10年後に日本一の×××会社になる」といった長期的な視点に立った企業目標になります。

ピラミッドの2段目にくるのは、マネジメントラインが担う事業目標と戦略です。まず事業目標は、企業理念を実現していくために達成すべき3カ年あるいは5カ年といった中期の目標になります。中期的な視点から「何を目標にするのか?」という「WHAT」を考える部門です。戦略では、目標を達成するために何をすべきか、目標と現状とのギャップを埋めていくための大きな方針を決めます。

3段目にはオペレーション・行動計画がきます。目標を「どう実現するのか?」という「HOW」の部分で、現場スタッフが担う部分です。チームリーダーが練った戦術を、具体的な行動計画として実行に移していく段階になります。戦略を具体的な行動計画に展開し、数値目標を部門別、個人別にブレークダウンした上で、日々の活動を管理していきます。つまり、現場の業務のひとつひとつが企業全体の目標達成やビジョンの実現につながっていないといけないわけです。

図20

組織の意思決定の基本、企業ピラミッド

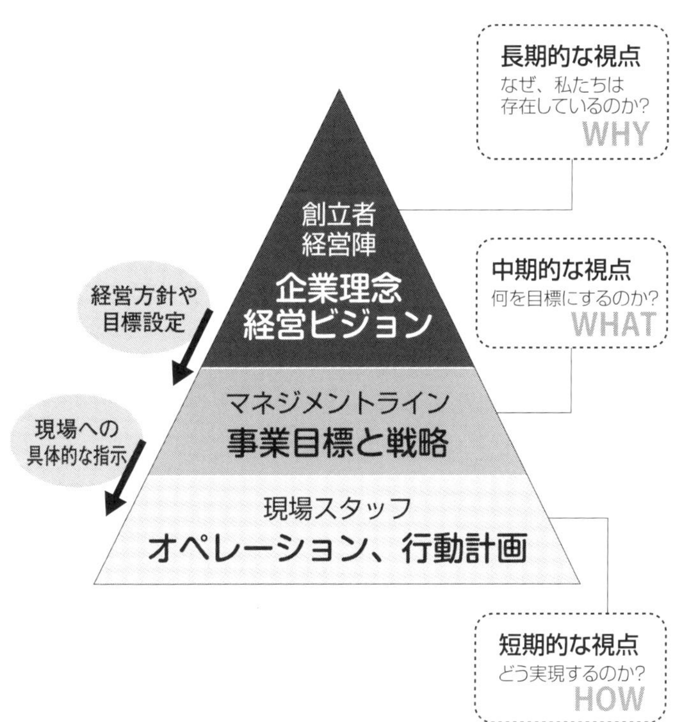

マンガで永沢さんの言うように、このフレームワークを結婚後のビジョン作りに使うことも可能です。

結婚したらどんな家族を作りたいか？ ↓ それを実現するための中期的な目標は？ ↓ どうやってその目標を実現するのか？ と、順番に考えていくわけです。

STEP 3

マーケティングに成功する！フレームワーク〈基本編〉

人々は基本的に広告や企業からの一方方向の情報にうんざりしていると思って間違いない
確かにWebサイトで出てくるバナー広告とか、あまりクリックまではしないかも…

キュキュ

どんな製品にも「寿命」というものがつきものだ

この章でわかること

- 購買行動の4要因
- AIDMA（アイドマ）の法則
- AISAS（アイサス）理論
- PLC
- ロングテール理論

シューフィット社
活動量計入り子供靴を
春に向けて発売
活動量計のチップ入り運動靴って、まるっきりウチの真似じゃないか！
でも値段はウチの2分の1…
デザイナーがあの有名なミリアムだって
Story 3
手ごわい競合、あらわる！
シューフィット社は海外メーカーだから市場はウチよりはるかに広い
その上安いとなると
——まずい事態になったな
資料室
例のシューフィット社の運動靴、売れているようだな
カタカタカタ
ネット通販でも軒並み完売です

はっ

ランキッズ売上高・純利益推移

一方ウチのは…明らかに売上が鈍化していますね

CSにもクレーム電話すごく増えたみたいで

同じような機能の靴なのになぜおたくのはこんなに高いんだ、って文句言い出す人もいたりして

安価な製品の発売でいろいろな不満が噴出しているんだろうな

早急に対策をと思って…例の虎の巻を見て分析をしたのですが

どれを使ってみたんだ？

購買行動の4要因

文化的要因
社会的要因
個人的要因
心理的要因

AIDMAの法則

Attention（注目）
Interest（興味）
Desire（欲求）
Memory（記憶）
Action（行動）

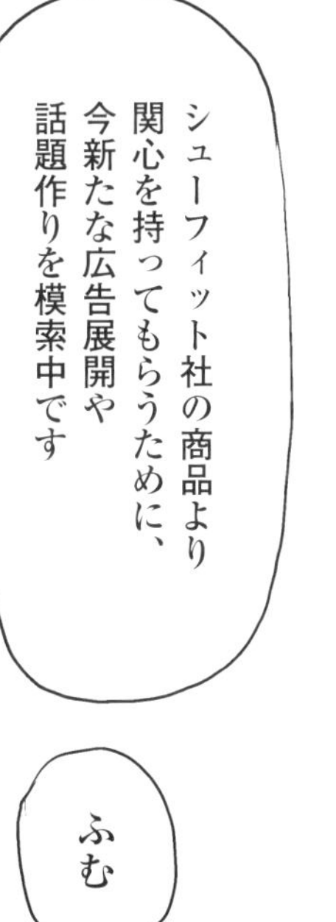

ＡＩＤＭＡの法則は
だいぶ古典的な
購買心理プロセスだが、
人間の心理は
それほど大きくは
変わらないから
今でも十分通用すると
いえるだろう
ただ今の時代は、
昔と比べて
飛躍的に情報量が
増えているのは
考慮しなければいけない
人々は基本的に
広告や企業からの
一方向の情報に
うんざりしていると
思って間違いない
確かに
Ｗｅｂサイトで
出てくる
バナー広告とか、
あまり
クリックまでは
しないかも…
今の時代の消費行動プロセスは
最近新たに提唱された
ＡＩＳＡＳ理論のほうが
説明しやすい場合もある
AISAS理論
Attention（注目）
Interest（興味）
Search（検索、評価チェック）
Action（購買）
Share（情報や意見を共有）
ＡＩＳＡＳ理論…

検索とネット口コミ、ネット社会では確かに大きいですね
Searchと Action…
この理論はクロスメディアマーケティングをベースに考えられているからすべて当てはまるとは言えないが、ランチャイルドのターゲット層はネットでの情報収集には積極的だろう
キュ
キュ
どんな製品にも「寿命」というものがつきものだ

買い手に認知されて売上が急速に伸び、この成功を見て新規参入する企業が相次ぐ時期―

◎PLC（プロダクトライフサイクル）とマーケティング戦略の関係

		導入期	成長期	成熟期	衰退期
プロダクトライフサイクル		売上		利益	
市場成長率		高い	高い	低い	低い
資金需要		多い	多い	少ない	少ない
マーケティング戦略		市場拡大	市場拡大	シェア維持	生産性確保
4P	製品戦略	製品開発	多角化	差別化	縮小
4P	価格戦略	高い	やや低い	低い	高い
4P	流通戦略	限定	拡大	重点化	限定
4P	プロモーション戦略	教育啓蒙	特徴強調	実利的	効果減退

（出典：日本マーケティング研究所HPより）

今のランチャイルドのPLCは第2ステージといったところかな

追随する企業に打ち勝つためには、設備や営業の強化など
さらなる資金が必要になってくる
あ〜
昨日
たけし
明日のデートどうする？
送信
ピローン
デート…忘れてた…
ヒュポッ
ごめんね。明日も出社になった
ごめんムリだ〜
さらなる資金かあ
うーーん…
ドサッ
セットで買うと割引価格！

何かいい
アイデア…
単品で買うより
安いんです
YO！通販
0120-XX-XXXX
検索
セットで割引！
¥19,800
がばっ
断然お得！
これだ！
親子セット割引案
ランチャイルドの
親子セット割引は
どうでしょう？
わが社の売れ筋の
ランチャイルドに、
優れた既存製品である、
大人の運動靴を
抱き合わせてお得に
売り出すんです

大人の運動靴は値段設定は少々高価ですが、割引があるとなると購入を考えるユーザーが増えるかしれません
ここ数年、単体では動きの鈍かった大人用の靴の在庫も流れはじめるのではないでしょうか
◎ECサイトなどにおけるロングテール理論のモデル
売上高
売れ筋商品20%
売れ筋以外(ニッチ商品)80%＝ロングテール部分
ECサイトが揃える商品ラインナップ(販売数順位)
売り場における商品はどうしてもスペースが限られます
親子運動靴セットはネット販売中心を提案します
◎「日本人のステイタス」としての自社靴の提案(文化的要因)
◎わが子の足も健康も私が守る(個人的要因)
◎朝の情報番組に働きかける
◎子どもの運動の特集番組にとりあげてもらう(心理的要因)
そうだ
ウチの売り製品はランチャイルドだけじゃない
確かな品質の既存製品がある

せっかくのヒット商品、安々と譲り渡すわけにはいかない！
親子セット割引開始！
Everroad
しかしー
おい！シューフィット社も親子運動靴のセット販売開始だって！
え!?
テレビ見てた家人からメールが
ほんとだ…HPができてる
ウチのほうが先にやっていたのに

今日からテレビCMがんがん流れているらしいっすよ
テレビCM打たれちゃあなあ
Shoefit
40%割引
ウチのセット割はあまり広くは認知されていないからな…
ネット販売を中心にして市場を絞っていたのが裏目に出てしまったか
ていうか
シューフィット社の親子セット販売、割引率すごくないか？
資金が違い過ぎる…
あゆみ、聞いてるか？
うん？ああ
ちょっと疲れててごめんね
相変わらず大変だな
うん 今いろいろ試行錯誤中で
じゃ、週末はまた難しいか

…いいよ
仕方ない
来週にしよう
ごめんね…
頑張れよ
ありがと
はー…
何かいい
アイデア
浮かば
ないかな
親子靴の
セット割販売を
やめる…？
そうだ
そんな…
なぜですか

実は、抱き合わせでの割引販売が、大人向け運動靴単体での売上にも響いてしまっているんだ
高くてもいいものだからと今までウチの運動靴を買ってくれていた層が、少しずつ離れていってる
シューフィット社の抱き合わせ販売がニュースで取り上げられて、話題になったのは知っているだろう
値段でも割引率でも話題性においてもウチは圧倒的に敗北している
セット割引開始！
親子セット割引自体は鈍いながらも伸びてはいるが、会社全体の売上は厳しい
ランチャイルド発売以前の状態にまで落ち込んでいる…
プロダクトライフサイクルを検討しないといけない
このままでは会社の存続自体が危機的な状況だ
ずーん…

カタ カタ カタ カタ
ランチャイルド
長い目で見れば、絶対ウチの靴のほうが品質がいいって自信はあるんです
ただパッと見た場合だと、安いほうを選んじゃいますよね
有名な方のデザインだし
資金さえあればデザインも機能も
もっともっと改良できるはず
カタ カタ
おい枠井！
こいつを見てみろ
え

経済ニュース
SSSファンドがエヴァーロードに公開買付開始広告
敵対的買収か
──買収？
SSSファンドがエヴァーロードに公開買付開始広告
敵対的買
どういうことなの!?

皆もう知っていると思うが今日、上から連絡があった
海外投資ファンドのＳＳＳがウチに敵対的買収を仕掛けてきた
海外ファンドがなぜウチなんかに買収なんて仕掛けてきたんだ？
何のメリットがあって
それがさ、そのファンド
例のシューフィット社が背後で手を引いているらしいんだ
シューフィット社!!
…そういうことだ

TOBの期限まではあまり間がないが、まだ身売りが決まったわけではない
今上役の方々が動きはじめているし我々も片っ端から協力先を探してみる
みんな動揺せず、粛々と通常業務にあたるように
こんな先の見えない状態の会社、どこが協力してくれるっていうんだ
今から転職先探すか
解決策を
早くー
キー…
ガチャ
ブブブ
あ、剛士くんからLINE
そうだ明日デート…
ぽちぽち
……
明日大丈夫？
送信
つかれたよ

―今
連絡したら
八つ当たりして
しまいそう
迷惑は
かけられない
よろ…
朝連絡しよ…
チュン
チチ…
ピュポ
ごめんね
昨日連絡できなくて
ごめんね！＞＜
13時に
公園待ち合わせで！
送信
あ～服がっ
決まらない～っ

RUN CHILD
シューフィット
新作!!
あゆみ、ニュース見たよ
あ! ああ あれね びっくりしたよね~
CAFE pea
なんか大変なことになってるんだな
俺は部外者だから気休めにしかならないと思うけれど

話ぐらいならいくらでも聞くから
だからあゆみももっと
え！大丈夫だって
気にしないでよ
これは私たちの問題だから！
は
…あっ
いやごめん違うの
剛士くんに心配かけたくないんだよ
フレームワークもあるし、先輩もいるからきっとなんとかなるかなって
…あゆみは

その先輩のことが好きなのか？
悩み、俺には言えないのに
先輩には話せるんだな
え？だって同じ会社の人だし
いきなりなんでそんなこと
いきなりじゃないよ ずっと考えてた
俺はいつだってあゆみの力になりたいと思っている
でもあゆみは、俺には本音を見せてくれない
あゆみのそばにいるべきなのはその先輩なのかもしれないな
剛士くん
何言ってー

俺たちちょっと
距離を置こうか
電話番号は──
おかけになった
プツッ
剛士くん…
上司たちは支援先を
探しているけれど
銀行や取引先は
あまり積極的じゃない
正直、
状況は厳しい
電話
出てくれない
敵対的
買収を
ダメだ
距離を
置こうか
全部が悪い方向に
転がってる

てんてん
すみません〜
ポーン
トンッ
ありがとうございます――!!
――!
この子、エヴァーロードのシューズを
履いてくれてる!
諦めちゃダメだ
まだチャンスはきっとある
ぐいっ
翔ちゃ〜ん!
あれ、ママ
よかったやっぱりここだった!
どうしたの?
も〜っ

一人で
お出かけするときには
携帯を持って
行きなさいって
言ったでしょ！
持って行かなかったら
お母さん心配でしょ
これには翔ちゃんの
安全のための
機能がついてるの
え～
だって
すぐおうちに
忘れちゃうんだもん
ダ～メッ！
これからは
気をつけるのよ
ごめんなさあい
さ、
帰りましょ
セキュリティ
端末つき
携帯かあ
そういえば
剛士くんも
言ってたな
防犯用の携帯端末を
持たせる親御さんも
多いらしいぜ

セキュリティ入りでも、
確かに持って行くの
忘れたら
意味ないものな
出かけるときに
絶対必要なものに
つければいいのに
出かけるときに
絶対
必要なもの

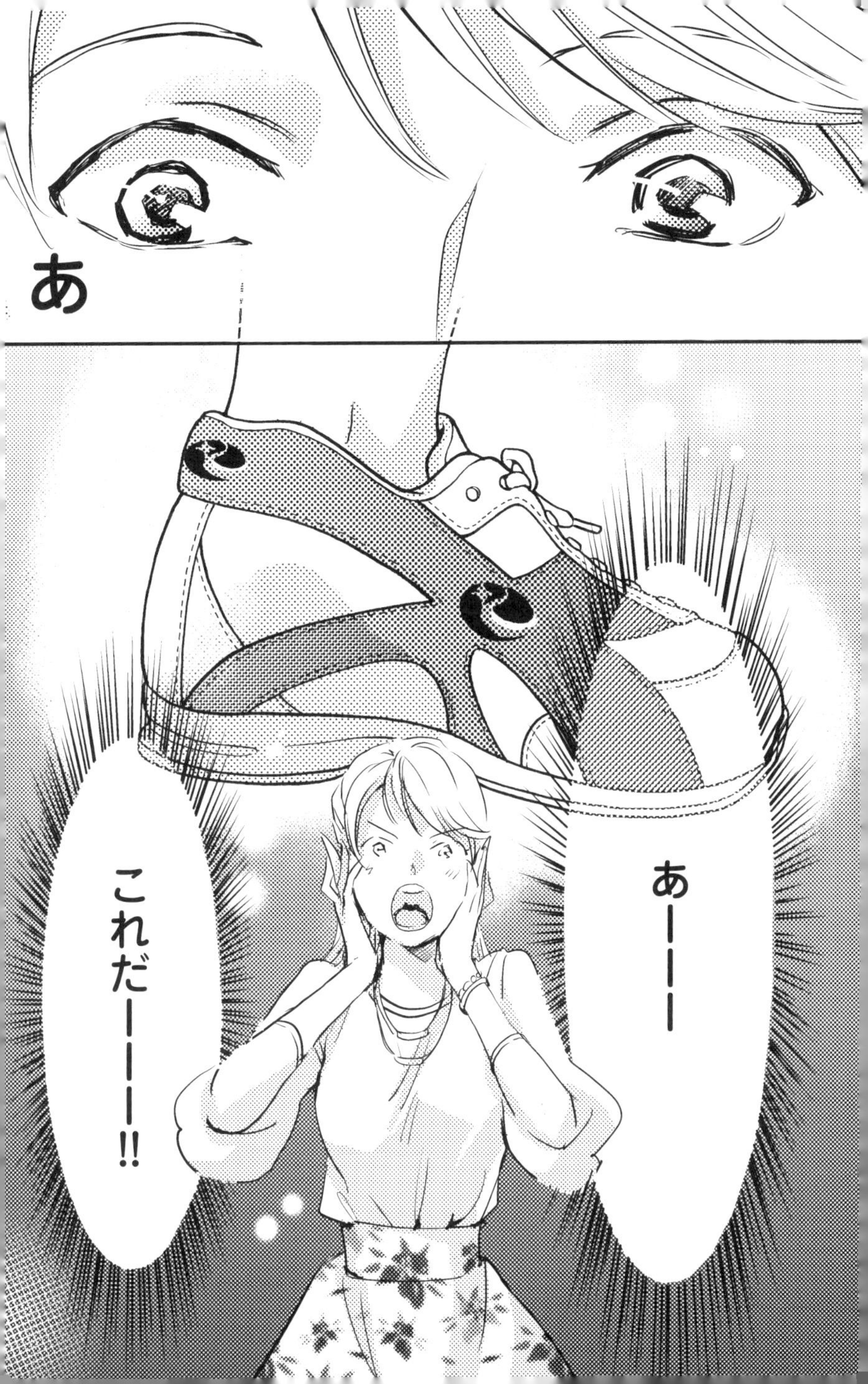
あ
あーーー
これだーーー!!

STEP 3-1

「購買行動の4要因」をおさえて、マーケティングに成功する

自社の製品が売れない、売上の下降傾向が止まらない――。マンガの主人公のあゆみちゃんは、せっかくうまくいった新規事業の商品も、競合の大手メーカーによる格安類似商品の出現で窮地に追い込まれています。でも大丈夫。こんな事態を打開するアイデアを生み出すためのフレームワークがあります。

まず、自社商品のターゲットとなる客層を考える場合に、どのような要因が自社商品の購入に結びつくのかを検討してみましょう。当たり前ですが、同じCMを何人かで一緒に見ても、人によって反応は異なります。つまり、人間は同じ刺激を受けても個々に反応が異なるということですが、購買行

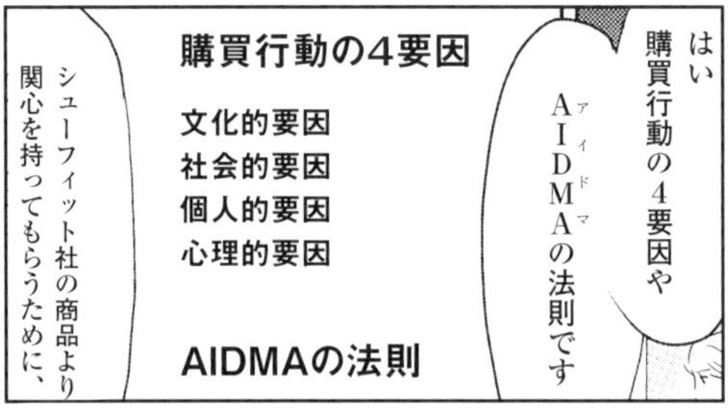

動にも同様のことが言えるのです。**こうした購買要因を経営学者のフィリップ・コトラーは、「文化的要因」「社会的要因」「個人的要因」「心理的要因」の4つに分類しています。**

・文化的要因……買い手に最も広範囲に影響を与える要因です。一般的には買い手の文化、サブカルチャー、買い手が属している社会階層が購買に対して強い影響力を持つとされています。ただし、最近の日本では中流層が減少して富裕層と低所得者層など、階層の格差が広がっているため、同じ文化的バックグラウンドがあっても、今後は購買特性に大きな差が出てくるでしょう。

・社会的要因……買い手の生活に関わっている人（家族、友人、同僚など）や、購買行動に影響を与える社会的役割や地位を指します。欲しいと思っても家族の同意がないと買えないケースは、わかりやすい例です。また、役割や地位による購買行動とは、「社長になったからには、ロレックスくらい持ってなきゃ」というようなステータスシンボルを買うような行動を言います。

・個人的要因……買い手の年齢、性格、ライフステージ（結婚、就職、出産、独立など人生の大きな節目や段階）、ライフスタイル（生活ポリシー）、職業や経済状態が挙げられます。同じ社会階層、経済状態に属していても、ライフスタイルが違うと購買行動は違ってきます。

自分の個性に合ったライフスタイルを享受できるようになった現代では、個人の持つこだわりがＫＢＦ（Key Buying Factor ＝購買を決定する理由）となるケースが増えています。

・心理的要因……コトラーは、心理的要因として、動機づけ（モチベーション）、知覚、学習、信念と態度の４つがあるとしています。買い手はものを選ぶ場合に、機能的な面からだけでなく、デザインのテイスト、フィーリングが合うなど心理的な面も重視しています。

なお、テレビの健康番組で、「××に効く」というような情報を見聞きすることで購買活動につながるケースは、心理的要因の一つである学習による効果です。さらに、これまでの自分の経験に基づいて「これはいい製品だ」とか「これはダメ」と評価を決めている場合もあります。これは、心理的要因で言うところの信念と態度にあたるものです。

実際には、これら4つの要因が複雑に組み合わさって購買行動となります。そのため、顧客ターゲティングを行う場合には、商品購入に影響をより強く及ぼす要因に優先順位をつけて、マーケティングを行う必要があります。

最近の傾向として、文化的要因や社会的要因よりも、個人的要因や心理的要因がより強く消費活動に影響を与えているようです。

STEP 3-2

消費者の行動プロセスの基本「AIDMAの法則」

AIDMAの法則は、1920年代にアメリカのサミュエル・ローランド・ホールが自著で提唱した消費者の購買活動における心理プロセスです。5つのプロセスの頭文字からAIDMAと呼んでいます。広告やマーケティング分野にいる方であれば、誰もが一度は耳にしたことのある定番理論です。

AIDMAの法則では、ある商品を知って実際に購入するまで、次の5つの心理プロセスがあるといっています。

1. Attention（注目）……あっ、知ってる。前にも見たな。流行ってるのかな？
2. Interest（興味）……面白そうだ。今度、実物を見てみたいなあ。
3. Desire（欲求）……いいなあ、やっぱり欲しいなあ。
4. Memory（記憶）……今度、ボーナスが出たら買おう。

5. Action（行動）……よし、買うぞ！

つまり、広告などを見て、その商品の存在を知り、もっと詳しく知りたいと思う。次に、商品パンフレットや実物を見て、欲しくなり、それが記憶に残る。そして、タイミングが合ったらいよいよ購入！ こんなプロセスです。

ちなみに、類似の法則として、1920年代にアメリカの応用心理学者エドワード・ストロングが示したAIDA（アイダ）の法則があります。こちらは心理プロセスを「企業側の視点」から見ているので、消費者視点のM（記憶）が省略されています。

以上の法則は、20年代に提唱された古典的な購買心理プロセスですが、現代でも通用します。なぜなら、人間の心理プロセスは、昔も今もそれほど大きくは変わらないからです。ただし、広告や情報に飢えていた20年代に比べて、飛躍的に情報量が増えているので、そこを考慮しなければなりません。マンガの中で永沢さんが言っているように、人々は基本的に広告や企業からの一方向の情報にうんざりしている、と思って間違いないでしょう。Webのバナー広告のクリック率の低さが、それを物語っています。

一方、企業のほうも、昔と比べて広告の費用対効果に敏感です。効果が定量的に把握できないテレビＣＭや雑誌広告は減り、少ない予算で確実にレスポンスを得たい、という企業が増えています。その結果、ネットで告知し、ネットで成約というＷｅｂマーケティングに力を入れる企業が増えました。電通はそうしたインターネットを中心とした購買活動の心理プロセスを「ＡＩＳＡＳ（アイサス）理論」と提唱しています。これは次の項目で詳しく解説します。

情報量が増え、情報を得る手段も増えた現代において、消費者は何を信じたらよいのか、何の情報を頼りに製品を選べばよいか迷っていると思います。ライフスタイルも多様化しており、従来型のセグメントでは、顧客のニーズは見えてきません。今一度、このＡＩＤＭＡの法則を手がかりに、消費者の購買心理を考えてみてはどうでしょうか。

STEP
3-3

現代人の消費行動は「検索」と「共有」——「AISAS理論」

AIDMAの法則は、注目、関心、欲求、記憶、行動という消費行動の心理プロセスでした。しかし、インターネットで商品を検索したり、ブログで感想を書いたりするようになった現在は、AIDMAの法則では説明のつかない部分が多くなりました。そこで、AISAS理論です。

AISAS理論は、マーケティングにおける消費行動のプロセスをモデル化したものです。

AIDMAの「D＝欲求」「M＝記憶」に代わり「S＝検索」が、「A＝行動」の後に「S＝情報共有」が追加されています。

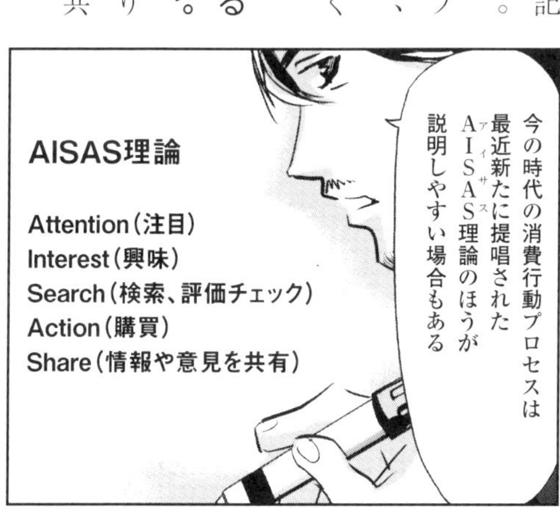

ＡＩＳＡＳ理論によれば、ネットマーケティングやｅコマースにおける消費行動は、以下のようなプロセスに分解されます。

1. Attention（注目）……たとえばテレビＣＭなどで商品を知る。
2. Interest（興味）……面白そうだなあ、と思う。
3. Search（検索、評価チェック）……ネットで検索、あるいは口コミをチェック。
4. Action（購買）……ネット通販や店舗で、商品を購入する。
5. Share（情報や意見を共有）……その感想をブログや掲示板に書き込む。

実は、この法則は広告代理店最大手の電通が提唱したものです。

電通の報告書「ネットアクティブ男女の情報&消費生活」によれば、サイトを頻繁に利用している消費者では、商品を知ってから購入するまでの過程で「検索、評価チェック」と「意見共有」が加わるため、ネットの特色を活かした新たな企業広告作りが求められると提言しています。

ＡＩＳＡＳ理論が誕生した背景には、ネットにおけるＣＧＭ（消費者が作るメディア＝Consumer Generated Media）の拡大があります。ミクシィやFacebookなどのSNS、ブログ、Twitter（ブログの簡易版）、BBS（電子掲示板）など消費者から消費者へのネット口コミが商品購入の際に重要視されるようになりました。

また、最終購買手段をネット決済とし、テレビやラジオでURLの告知をしたり、「×××で検索！」などサイトへの誘導を図ったりするクロスメディアマーケティングも一般化しました。実際、TVCMを見ても、車内広告を見ても、自社サイトへの誘導が目立ちます。

ただし、このAISAS理論は、電通が提唱するだけあって、先に述べたようなクロスメディアマーケティングをベースに考えられています。しかし実際のネット購入者は、やはりネットで商品に出合うことも多いと言われています。たとえば、何かいい贈り物はないかなあと思い、楽天の人気商品ランキングで探すような行動です。また、「注目」からはじまらない購買活動も多くあります。たとえば「テレビが壊れた」「パーティーに着ていく服がない」というような必然性からスタートすることも多いのです。また、「検索」に関しても、必ずしも検索ではなく、SNSやQ＆Aサイトで詳しそうな人に質問するなど、いろんな情報収集が考えられます。

STEP 3-4

製品の寿命を知る「PLC」

どんな製品にも「寿命」があります。数十年、人気が続くような製品はまれで、ほとんどの製品はいつかその役目を終えて、市場から消えていく運命にあります。こうした、**製品の寿命を4つのステージに分けたモデルがPLC（Product Life Cycle：プロダクトライフサイクル）です。**PLCでは、各ステージにおける市場成長率、資金需要、マーケティング戦略について次のように変化する、としています。

◎PLC（プロダクトライフサイクル）とマーケティング戦略の関係

		導入期	成長期	成熟期	衰退期
プロダクトライフサイクル		売上		利益	
市場成長率		高い	高い	低い	低い
資金需要		多い	多い	少ない	少ない
マーケティング戦略		市場拡大	市場拡大	シェア維持	生産性確保
4P	製品戦略	製品開発	多角化	差別化	縮小
	価格戦略	高い	やや低い	低い	高い
	流通戦略	限定	拡大	重点化	限定
	プロモーション戦略	教育啓蒙	特徴強調	実利的	効果減退

（出典：日本マーケティング研究所HPより）

売上が急速に伸び、この成功を見て新規参入する企業が相次ぐ時期―

今のランチャイルドのPLCは第2ステージといったところかな

図21

PLC（プロダクトライフサイクル）とマーケティング戦略の関係

		導入期	成長期	成熟期	衰退期
プロダクトライフサイクル		売上 / 利益			
市場成長率		高い	高い	低い	低い
資金需要		多い	多い	少ない	少ない
マーケティング戦略		市場拡大	市場拡大	シェア維持	生産性確保
4P	製品戦略	製品開発	多角化	差別化	縮小
	価格戦略	高い	やや低い	低い	高い
	流通戦略	限定	拡大	重点化	限定
	プロモーション戦略	教育啓蒙	特徴強調	実利的	効果減退

（出典:日本マーケティング研究所HPより）

第一ステージ：認知が重要な導入期

製品が市場に投入されて、買い手に認知されるステージです。この段階では、とにかく「認知」が重要なので、実際に製品を手に取ってもらえるように、流通への働きかけや見込み顧客へのサンプリングなど「認知度」を高めていくことが最重要です。このフェーズではかなりの資金が必要になります。

第二ステージ：売上が伸び、新規参入も出てくる成長期

買い手に認知されて、売上が急速に伸びるステージです。この段階の成功事例を見て、新規参入する企業も相次ぐでしょう。

ここでは、追随する競合他社に打ち勝つためにも、設備や営業の強化などに対して、さらなる投資が必要です。

第三ステージ：市場成長が鈍化し、シェアを奪い合う成熟期

需要が落ち着いて、売上の伸びが鈍化するステージ。新規参入企業も少なく、シェアは安定しています。しかし、成熟した市場では、価格競争も激しく、限られたパイを奪い合うため、次第に企業は消耗していきます。

第四ステージ：そろそろ撤退のタイミングをうかがう衰退期

市場が縮小傾向にあり、売上が低下してくるステージです。資金需要は少ないですが、製品寿命の末期となりますので、撤退のタイミングを検討する時期です。

シューフィット社の抱き合わせ販売がニュースで取り上げられて、話題になったのは知っているだろう
値段でも割引率でも話題性においてもウチは圧倒的に敗北している
40%
セット割引開始！

マンガの中で、あゆみちゃんが手がけたランチャイルドという製品は、どのステージにあるかというと、第二ステージの成長期です。大ヒットしたのもつかの間、早くも強力な他社の参入を受けて売上がダウンし、早急な対策が求められている段階といえます。

このようにPLCは一つの製品の寿命を可視化したものですが、実際にはこれに当てはまらないものも数多くあります。たとえば、猛烈にブームになった後、潮が引くように冷めていく「一発屋型」、ファッションのように、一定のサイクルでブームが再燃する「サイクル型」、人気は小ぶりですが、たとえば京都の老舗店のように、長い間商品寿命が尽きない「持続型」などさまざまなタイプがあります。業界や商品によってPLCのタイプは異なりますから、複数の商品についてトレンドを分析して自社のPLC管理に役立てましょう。

STEP 3-5

売れ筋以外の動向を把握！「ロングテール理論」

インターネットを利用したネット販売においては、膨大な商品数を低コストで取り扱うことができます。必ずしも物理的な在庫を抱える必要がありませんし、店舗スペースを気にしなくてよいためです。**ロングテール理論とは、従来のようにヒット商品の大量販売に依存しなくても、ニッチ商品の多品種少量販売によって大きな売上を上げることができる、という理論です。**Ｗｅｂ２・０時代の新しい経済概念として注目を浴びました。

もともとは、「WIRED」誌の編集長だったクリス・アンダーソンが、２００４年に、アメリカのオンラインＤＶＤレンタルショップであるNetflixや、オンライン書店のAmazonなどでは、リアル店舗でのビジネスとは異なる収益構造が見られることを指摘したことが発端でした。アンダーソンは、この商品ラインナップ数と売上の関係を示す曲線が、長い尻尾（ロングテール）のような形状をしていたため、このよ

図22

ECサイトなどにおけるロングテール理論のモデル

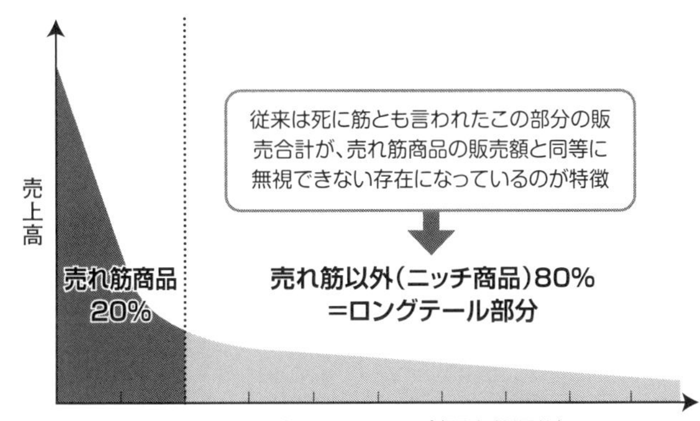

うな名前をつけました。アンダーソンが唱えたロングテール理論とWeb2・0というキーワードはネット社会がもたらした新しい潮流として知られています。

ロングテール理論を支えるものに、コンピューターとインターネットは欠かせません。たとえば、ロングテール的なビジネスモデルは、ECサイトのネット販売だけではなく、ネットを使った広告や一般サービスにも適用されます。たとえばGoogleのAdWords(アドワーズ)や、Yahoo! Japanリスティング広告のような、検索キーワードに連動して表示される広告は、極めてマイナーなキーワードでは数十円の単価で出稿できます。

しかし、一つの広告単価が小さくても、そ

の数が天文学的なボリュームになるため、これらが同社にもたらす収益も、莫大になっています。まさに、ロングテールの典型的な成功モデルと言えるでしょう。

従来型の商品販売ではパレートの法則（全商品の上位20％の商品が売上の80％を占める、という法則）が成立することが知られています。このため、従来は売れ筋商品に絞って、死に筋商品を整理することが重要視されていました。

しかし、オンラインビジネスは無限とも言える売り場スペースを用意でき、在庫も最小限におさえることができるため、物理的制約を受けにくい特徴があります。

特に無形のもの、たとえばデジタルコンテンツのダウンロード販売のような在庫固定費をほとんど無視できるビジネスであれば、年に1回しか売れないようなアイテムであっても、数多く用意することで大きな売上を期待することができます。

ただし、パレートの法則が古くなったわけではありません。あくまで、ネット販売で、なおかつ多品種少量販売が成立するような商売でなければ、ロングテール理論は成り立ちません。リアル店舗のような物理的制約がある場合は、あくまで売れ筋に集中し、ネット販売のような店舗ではニッチな商品なども幅広く取り扱い、新たな売れ筋商品の開拓に使うというような、バランスが必要となるのです。

STEP 4 市場と顧客をつかむ！フレームワーク〈応用編〉

この章でわかること

- ブルーオーシャン戦略
- イノベータ理論
- 自己決定理論
- ロジックツリー〈復習編〉

永沢さん
セキュリティサービスです！
子ども靴に搭載するチップを、セキュリティサービスに応用しませんか!?
ばん！
Story 4
大ピンチからの大逆転！
どうした枠井いきなり
地図情報をもとに、子どもが親の想定していない地域に移動したらアラートを鳴らしたり警備会社に協力を求められたりするようなセキュリティサービスに対応したチップにするんです！
なるほど、新規事業のマトリックスか
すでにあるチップ入り運動靴で新しい領域を狙うんだな
はい！

靴は
外に出るとき
絶対必要なものです
忘れることは
まずありません
いいですか
シューフィット社の猛追で、
活動量計入り子ども運動靴市場は
あっという間に飽和状態で血の海
わが社が開拓した海では
ありますが、
何せ小さな船なので
対抗できる設備を
装備しておらず、
シェアは減るばかりです
新しい市場、
新天地を求めて
旅立つときですよ
サッサッ
ブルーオーシャン
戦略か
イノベータ理論
ともいえるが
言うように
なったな
枠井の
思うように
やってみるといい

ブルーオーシャン戦略の違い
独自の価値基準
市場は可変的⇒新市場の創造
提供する価値を高めながら、コストを下げることが可能
差別化と低コスト化の両立

後悔のないようにな
はい！

会議室
わが社の運動靴の魅力は何か？それは品質です
防犯子ども靴企画書
履き心地よく丈夫で長持ち、職人さんの思いが詰まった靴です

マーケットイン
私は小さい頃からずっとエヴァーロードの運動靴を履いて過ごしてきました軽いのに丈夫で、履き心地がよくて
いつもここの靴と一緒でした

・新しい素材の開発
アッパー部とライナー部の強化
・セキュリティ会社との提携
またシューフィット社に真似されるかもしれない
でもそれなら彼らが追いつけない部分での工夫をしましょう
今度の防犯靴はセキュリティ方面でのマーケットインを取り入れつつ、私たちのプロダクトスタイルも前面に押し出していきましょう
大好きで入ったこの会社が、このまま身売りされるのを黙って見ているのは嫌なんです
やれるだけのことをやりたいんです

AR警備

▲●経済新聞
SS買収を断念
AR警備会社、エヴァーロードのホワイトナイトへ名乗り
浮上した異業種の騎士
やったな枠井
危機回避じゃないか！

あの…永沢さん
ありがとう
ございました
私、永沢さんに
会えて本当に
よかったです
最初突然
プロジェクトを
任されたときは
どうしようかと…
でも、永沢さんに
フレームワークを教えてもらって
どんどん自分から
動けるようになって
きたというか
自分が自信を持って
動いたら
周囲もそれに
応えてくれるし
周りとの関係性も
どんどん
よくなっていくのが
わかるんです
ふむ
自己決定理論
だな
かいかぶるなよ
俺はきっかけを
与えただけだ

実際に動いたのは
枠井自身
だから
お前の力だよ
ありがとう
ございます…！
うれしいです
えっ！
そうですか！？
その割に
すっきりしない
顔だな
すみません
実は私
彼氏とケンカ別れ
しちゃったままで
私
彼とのことに関しては
自分から何一つ
動いて
いないんですよね
よく考えたら、
電話してくれるのは
いつも彼からで…
告白も彼からだったし

すっかり彼に
甘えてしまってたんだなあって
カタカタカタカタカタ
て、聞いてます？
カタカタカタカタ
俺に話されてもためになることは言えん
最近は月一マラソン大会は行ってないのか
あ、はい忙しくて…
よし
はい？
市民マラソン
ポーン
ポンポン
はい〜市民の皆さん
そろそろスタート位置について〜
——はい？

おお、来たな
枠井
何で私、永沢さんと市民マラソン大会に参加してるんですか
人間落ち込んだときは体を動かすのが一番だぞ
永沢さんも走ったりするんですね
意外…
俺を何だと思っていたんだ
資料室のヌシです
……
パーン
走るの久しぶりだ
はるか前方
永沢さんはやっ！
いつのまにっ
なんていい天気…気持ちいいな
これで隣に

彼がいてくれたら－
よっ久しぶり
剛士くん！
参加してたんだ
ああ
今謝らなきゃ
あの剛士くん
この間は
今日はあゆみに提案があります

僕と一緒に
暮らしませんか
えっ
なぜそのような
結論になるのか？
ごそごそ
まず理由
その1としては

「生活費のコストダウン」です！
一人より二人で住んだほうが、家賃は折半できる上より広い部屋が借りられますし
水道・光熱費もお得となります
一緒に暮らすメリットのロジックツリー
一緒に暮らす
生活費コストダウン
安全面の強化
ストレス
家賃折
食費の節約
水道光熱費も
僕と一緒で
危険作業は僕が
急病時も安心
いつでも会話できる
一緒にジョギング歓迎
二人で時を刻む
表!?
次に、「安全面の強化」が挙げられます
一人より二人で結託するほうが防御力も攻撃力も二倍になるわけですし、迫り来る危険に対処しやすいかと思われます
はっ
はっ
夜の買い物は僕が担当
一家に一人僕がいると安全です
一緒に暮らす

…ごめんな
俺、あゆみの大変な時期にひどいこと言ってしまって
今日こそ謝ろうって思いながらあゆみに別れを告げられるのが怖くて
違うよ剛士くん―
謝るのは私のほうだ
いつも剛士くんに甘えてばっかりだった
最後の理由に！
「ストレスの解消」が挙げられます
はっ
ストレスはお互いにとってよくありません

もし一緒に暮らせばケンカしてしまっても、一つ屋根の下で嫌でも顔を合わせることになり
仲直りのタイミングが大変スムーズになります
どんなささいなことでも気軽に話し合える笑い合える
お互いにとっていいことばかりです！
たっ
たっ
た 剛士くんっ
それ、走りながら言うことなの!?信じられない！
たっ
たっ
たっ
たっ
俺もちょっと後悔してる！
でもなんだか今言いたくて
私も
剛士くんに言いたいことあったんだ
え

これからの人生、
私と一緒に
走ってくれませんか
いつも剛士くんに
行動させて
ばっかりだった

いよっしゃあああああ
大会ゴール地点
これからは
私からもー
おめでとう
おめでとーーっ
プロポーズ
成功したのか
おお
永沢さん！
どこ行って…

よかったな
おめでとう
えっ
ありがとうございます！
永沢さんのおかげです！
二人は
顔見知りなの？
顔見知りって
いうか
実はお前たちが
仲たがい
してた頃にな
会社の前を
怪しいやつが
うろついていたんで
問いただしたら
え！
枠井の彼氏!?

で、この青年と相談して、今日の作戦を立てたわけだ

そうなのです

え!!

それ以来何回か永沢さんには相談にのってもらって

ほんといったい
何者ー
あら～っ
靴屋の
坊ちゃんじゃない？
ま～っ
ほんとだわ
どうも
日本に帰って
きてたのかい
はい最近
ん？
立派になって
ねえ～
あの
永沢さんて…？
おや
知らないのかい
わいわい
ご近所の
靴屋さんとこの
坊ちゃんだよ
ほら、あの大きな
メーカーの…
エヴァー…
なんちゃら…
エ

エヴァーロード社社長の、息子さん!?
永沢さんが!?
ああ
ま、そういうことだ
国際経営コンサルタントをやっていたんだが、最近親父に呼び戻された
そうだ枠井フレームワーク虎の巻は君が持っておけ
餞別(せんべつ)だ
結婚おめでとう
プロジェクトも結婚話もまだ動き出したばかりだろう
これからますます忙しくなるぞ

頭の中整理して計画立てて
気合い入れていけよ
はい!!

STEP 4-1

競合と戦わずして勝つ！「ブルーオーシャン戦略」

ブルーオーシャン戦略とは、未開拓の市場（＝ブルーオーシャン）を切り開き、競争自体を無意味なものにする戦略です。既存の市場で、競合同士が過当競争を繰り広げる血の海＝レッドオーシャンに対して、競争の存在しない新しい市場を創造するため、ブルーオーシャン戦略と呼んでいます。

レッドオーシャン戦略の中では、各社ともライバルをしのいでマーケットシェアを少しでも奪いとろうとします。しかし、競争相手が増えると、利益や成長の見通しは厳しくなっていきます。つまり競争とともに、レッドオーシャンはひたすら赤く血に染まっていくというわけです。対照的に、ブルーオーシャンはまだ存在すらしていない市場です。そこでは、競争も存在していません。

ブルーオーシャン戦略では　従来なかった新たな需要を掘り起こすため、いったん成功すれば、利益の伸びも大きく、成長スピードも速いのが特徴です。たとえば、少

図 23

レッドオーシャン戦略とブルーオーシャン戦略の違い

	レッドオーシャン戦略	ブルーオーシャン戦略
戦略のイメージ	競争で赤い血に染まっている	競争のない穏やかな海
対象市場	競合他社があふれる 既存の市場	競争のない新しい市場 まだ存在していない市場
収益を得る方法	ライバル企業に勝つことで 既存の需要を勝ち取る	顧客に新しい価値を 提供することで、 新しい需要を掘り起こす
価値基準	他社と同じ価値基準	独自の価値基準
市場のとらえ方	市場は固定的→奪い合い	市場は可変的→新市場の創造
価格とコストの考え方	価格とコストは トレードオフの関係	提供する価値を高めながら、 コストを下げることが可能 (=バリューイノベーション)
採用する戦略	差別化または低コスト化	差別化と低コスト化の両立

し前の例になりますが、任天堂が、新型ゲーム機Wiiの企画・開発に当たってブルーオーシャン戦略を参考にしたと言われています。

Wiiの前世代の任天堂のゲーム機は「ゲームキューブ」でしたが、ソニーのプレイステーション®やマイクロソフトのXboxとの激しい競争の中で、レッドオーシャンに溺れそうになっていました。この頃、任天堂は、ゲーム機の主要顧客は10代後半のゲーマーだと考え、高度な画像処理性能などといった、スペック面で競争していたのです。

ところが、Wiiは「非顧客」を顧客化しました。つまり、それまでゲームであまり遊ばなかった小さい子どもや大人にも満足してもらえる脳トレやフィットネスなどをテーマとしたゲームを出して大成功を収めたのです。

任天堂はブルーオーシャン戦略を得意とする企業の一つです。最近のPokémon GOの世界的成功も、任天堂ならではのブルーオーシャン戦略のたまものと言ってよいでしょう。

ここで紹介したブルーオーシャン戦略を提唱するチャン・キムとレネ・モボルニュ両氏は、「従来の考え方では矛盾する課題」を同時に解決することを、強くすすめています。たとえば、ブルーオーシャンの戦略家は「価値と低コストはトレードオフの関係にある」という既成概念を打ち破る必要があり、これまで顧客とはなりえなかった「非顧客」を顧客にすることの重要性を説いています。そのためには、既成概念を取り払い、業界の常識とされていたルールや市場を、ゼロから引き直すことがポイントになるのです。そのようにすることで、「戦わずして、勝つ」ことが実現できるのです。

STEP 4-2

「イノベータ理論」に基づき、製品が市場に受け入れられるプロセスを分析

いつの世でも「新しいもの好き」「オタク」というのは一定量で存在します。アメリカでは最新技術が大好きなオタクを「geek（ギーク）」と呼ぶのだそうです。新製品に真っ先に飛びつくのは、こうしたギークたちです。

テクノロジーライフサイクルとは、アメリカのコンサルタント、ジェフリー・ムーアによって考案されたもので、新技術によってもたらされた製品が市場でどのように受け入れられていくかを理解するモデルです。

テクノロジーライフサイクルでは、製品のライフサイクルに連動して、顧客層がどのように変遷するかを可視化し、市場を5つの領域に分けています。

■イノベータ（Innovators＝革新者）

新しいテクノロジー製品を追い求める人で、いわゆるハイテクオタク（前述のギー

クたち）です。斬新なテクノロジーについての情報に敏感で、正式なマーケティング活動をはじめる前に情報を収集し、購入してしまうような顧客層です。当然ですが、絶対数は少なく、企業としての収益源にはなりえません。とはいえ、彼らの意見は非常にマーケットに影響力があるとされています。市場全体の２・５％程度を占めるとされています。

■アーリーアダプタ（Early Adopters ＝初期採用者）

イノベータ同様に、ライフサイクルのかなり早い時期に新製品を購入する顧客層です。イノベータ同様に情報感度が高い特徴がありますが、技術志向ではなく、新製品がもたらすメリット、目新しさなどに満足して購入する人々です。全体の13・５％を占めるとされています。

■アーリーマジョリティ（Early Majority ＝初期多数派）

テクノロジーよりもあくまで実用性を重んじる顧客層です。彼らは、新しいだけでは購入しないため、必ず、購入前に導入事例や利用者の声などをしっかり確認してから購入するタイプといわれています。アーリーマジョリティは、顧客全体の34％を占めるとされていて、彼らをどうやって顧客として取り込むかが、最重要課題となります。

■レイトマジョリティ（Late Majority＝後期多数派）

基本的にアーリーマジョリティと同じですが、新しいテクノロジーを取り入れることに多少なりとも抵抗感があり、できれば業界標準が確立されてから購入したい、と思う保守的な顧客層です。身近な例で言えば「周りの人がみんな使っているから、そろそろ自分も買ってみようかな……」というようなタイプの人々です。サポートや信頼性を重んじますから、大企業志向があります。こちらも全体の34％を占めるとされています。

■ラガード（Laggards＝動作の遅い人）

新しいテクノロジーが苦手なだけでなく、心理的にも嫌悪感も抱いている顧客層です。この層がハイテク製品を買うのは、見た目にハイテクっぽさがない場合や、ほかの製品と組み合わされているようなケースがほとんどです。全体の16％を占めるとされています。

イノベータ理論では、アーリーアダプタとアーリーマジョリティの間には深い溝（キャズム）がある、と言われています。実用性を重んじるアーリーマジョリティにとっては、アーリーアダプタが買ったから新しいハイテク製品を買う、ということはありません。そのため、このキャズムを乗り越えるのは容易ではなく、逆に言えば、乗り越えなければ大きな収益は望めません。キャズムを乗り越えた後に控える二つの顧客層の割合は、合計で68％にも及ぶからです。

STEP
4-3

仕事のモチベーションが上がる！「自己決定理論」

自己決定理論（SDT＝Self Determination Theory）とは、心理学者のエドワード・L・デシが構築した考え方です。**人間の持つ基本的欲求である自律性、有能感、関係性の三つを満たすことにより、内的動機づけ（モチベーション）が高まり、生産性も上がるという仕組みです。**

■自律性を高めたい欲求

自身の行動を自ら選び、主体的な役割を果たしたい、という欲求です。自分にとって魅力的なことを行うと、この欲求はさらに高まり、満たされます。他者からの強制ではなく、自発的な興味による行動でモチベーションが高まります。

■有能感を満たしたい欲求

周囲に影響力や能力を発揮することで、自信を持ちたいという欲求です。「何かを達成する」や「技能を磨く」、「成長する」などが該当します。ビジネスでこの欲求を満たせる環境や場を設けることによって、従業員の学習意欲やスキル向上意欲が高まります。

■関係性を深めたい欲求

他者との結びつきを深めて、互いに尊重し合える関係を構築したいという欲求です。人間は一般的に結びつきを求め、グループワークを好みます。従業員同士でいい関係を築きたい、という欲求を満たすことで、モチベーションも生産性も向上します。

ちなみに、成果に対する臨時の報奨金（インセンティブ）や他人との競争は、中期的には生産性を低下させることが実験で明らかになっています。モチベーションに基づく行動は成果や質も高く、報奨金などに比べ継続しやすい傾向があります。実効性の高い理論なので、自社やチームのモチベーション向上にぜひ役立ててください。

STEP
4-4

フレームワークは日常でも使える！ロジックツリー〈復習編〉

57ページで紹介したロジックツリーですが、ビジネスの課題だけでなく、身近な問題の解決でもいろいろと応用することができます。

あゆみちゃんの彼氏の剛士くんが、ランニングしながらのプロポーズのシーンで、具体的なロジックツリーを描いています。先に述べたように、ロジックツリーはビジネスフレームワークの基本となるものなので、ここでおさらいの意味も込めて、剛士くんのロジックツリーを見ていくことにしましょう。

まずロジックツリーの第一階層（結論）の部分です。ここに掲げるのは、プロポーズの言葉「一緒に暮らす」とします。

これを頂点に、「なぜそうなるのか？」というアプローチで階層の枝葉を下に伸ばしていきます。剛士くんは「生活費のコストダウン」「安全面の強化」「ストレス解消」の三つを挙げています。なかなか説得力のある展開ですね。こうしてロジックツリーの第二階層（結論の理由）の部分が完成しました。

続く第三階層は、第二階層の理由や裏付けデータの部分です。「生活費のコストダウン」からは「水道・光熱費がまとめられる」「食費の節約ができる」「家賃が折半できる」、「安全面の強化」からは「急病時も安心」「危険作業は僕が」「僕と一緒で安全」、「ストレスの解消」からは「二人で時を刻む」「一緒にジョギングできる」「いつでも会話できる」と、全部で３×３、計９個の理由や裏付けを描いています。

こうして結婚する（一緒に暮らす）ことが妥当であることが証明されました。

こんなロジックでプロポーズされたら、誰だって「Ｙｅｓ！」と迷わず答えてしまうのではないでしょうか。あゆみちゃんも、仕事とプライベートの両面でフレームワークのすごさを思い知ったことでしょう。

めでたし、めでたし！

図24

マンガの例、プロポーズをロジックツリーにすると……

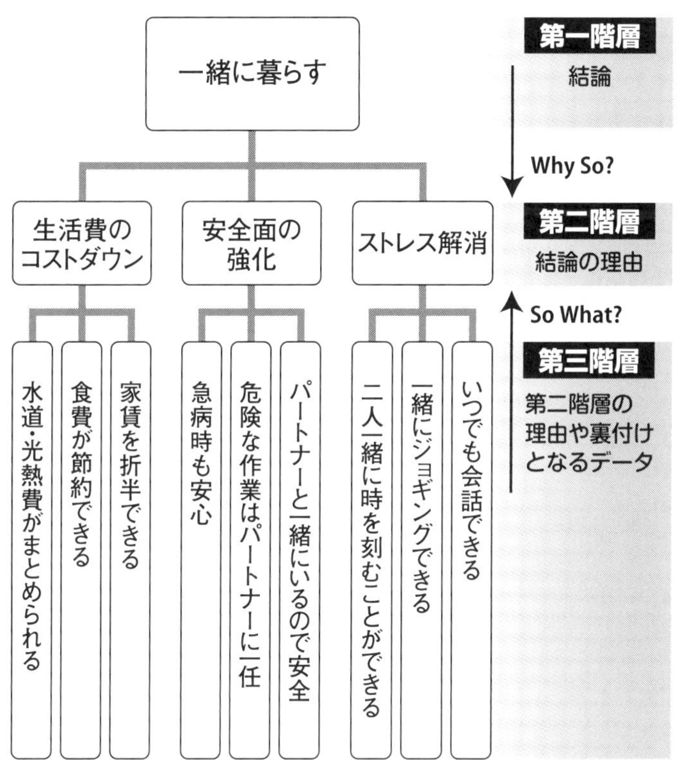

Story 5
あゆみ、
次のステージへ…
今日スケジュール
・防犯チップ入りスニーカー発売日
・会議 新企
・会議 15:0
ネギと
電球
忘れずに
ガードキッズ
発売日！

プロジェクト始動から丸2年
ガードキッズ
いよいよ発売だ
あっもう
こんな時間
起こさなきゃ
パタン
パタパタ…

虎の巻ノート

先行くね！

ガチャ

お弁当置いてあるから！

頑張ろう！
行ってきま〜す！

おわりに

マンガでフレームワークを解説する、という企画が編集部から持ちかけられた当初は、正直、ちょっと懐疑的でした。フレームワークをマンガで解説するのは、ちょっと無理があるのではないかと思ったからです。しかし、編集担当の方の「フレームワークをなるべく多くの人に」という気持ちを知り、私は起業したての苦しかった時期を思い起こしました。

私自身、2005年に現在経営する会社をリクルート勤務時代の同期と共同で創業した頃、自社製品の魅了や事業の魅力が伝わらず、会社は火の車でした。私自身も生産性とは程遠い生活で、心底疲れ切っていました。その後、フレームワークや図解で思考するプロセスを学び、物事を冷静に、論理的に判断できるようになってからは、いろんな難しい課題を少しずつクリアできるようになりました。同時に、会社経営も軌道に乗り、起業から10年目には東証一部に上場するまでに至りました。私自身、フレームワークによって救われ、成功を収めることができたのだから、誰にだってそのチャンスがあるはずです。仕事がうまくいかない、と悩んでいるビジネスパーソンの助けになるかもしれないと思い、結局はこのマンガ企画に参画することにしたのです。

主人公のあゆみちゃんは、頑張り屋だけど、新規事業に対してどう手をつけていってよいのか途方に暮れている、そこにフレームワークという武器を謎の倉庫番、永沢さんから授かり、次々に新しいアイデアを実現していきます。最後には私自身も主人公の活躍を見て、大変ワクワクするほどでした。読者の皆さんもぜひ、本書をヒントに充実した人生を歩んでいってほしい、と考えます。

最後に、本書のチャンスをくださったSBクリエイティブ編集部の吉尾さん、木村さん、小倉さん、素晴らしいマンガを添えてくださったかんようこさん、いつも素晴らしいビジネスヒントと刺激をくれる株式会社ショーケース・ティービーの経営陣とスタッフ、多忙な私のよりどころとして支えてくれる妻や家族、私の本を評価くださり、ビジネス作家活動を支えてくれる読者の方々に、心から感謝します。

情報や議論を整理するときに役立つ本

『ハイ・コンセプト「新しいこと」を考え出す人の時代』
(ダニエル・ピンク著/三笠書房)

『ファシリテーション・グラフィック』(堀 公俊ほか著/日本経済新聞出版社)

『絶妙な「数字で考える」技術』(村上綾一著/明日香出版社)

『見える化 - 強い企業をつくる「見える」仕組み』(遠藤 功著/東洋経済新報社)

チャート作成やプレゼンテーションに役立つ本

『マッキンゼー流 プレゼンテーションの技術』
(ジーン・ゼラズニー著/東洋経済新報社)

『マッキンゼー流図解の技術』(ジーン・ゼラズニー著/東洋経済新報社)

『マッキンゼー流 図解の技術 ワークブック』
(ジーン・ゼラズニー著/東洋経済新報社)

『プロフェッショナル・プレゼンテーション』(土井 哲ほか著/東洋経済新報社)

そのほか知的生産の効率化に役立つ本

『ビジネスマンのための「解決力」養成講座』
(小宮一慶著/ディスカヴァー・トゥエンティワン)

『3分でわかる ロジカル・シンキングの基本』(大石哲之著/日本実業出版社)

『地頭力を鍛える』(細谷 功著/東洋経済新報社)

『勝間和代のビジネス頭を創る7つのフレームワーク力』
(勝間和代著/ディスカヴァー・トゥエンティワン)

『ポケット図解 クリティカル・シンキングのポイントがわかる本』
(今井信行著/秀和システム)

『図解 わかる !MBA』(池上重輔著/ PHP 研究所)

『ロジカル・シンキング』(照屋華子ほか著/東洋経済新報社)

『営業の問題解決スキル』(斎藤顕一著/ゴマブックス)

『ストレスフリーの仕事術』(デビッド・アレン著/二見書房)

『仮説思考 BCG 流 問題発見・解決の発想法』(内田和成著/東洋経済新報社)

そのほか参照 WEB サイト

N's spirit 投資学&経営学研究室
http://www.nsspirit-cashf.com/

exBuzzwords
http://www.exbuzzwords.com/

Wikipedia
https://ja.wikipedia.org/wiki

IT メディア　エンタープライズ
http://www.itmedia.co.jp/enterprise/

ミツエーリンクス　メソッド
https://www.mitsue.co.jp/case/

Wisdom ビジネス用語辞典
https://www.blwisdom.com/dictionary.html

参考文献・オススメ図書一覧

本書執筆にあたり参考にさせていただいた本と、関連図書でさらに掘り下げた情報を得たい、という方にオススメの本を紹介します。

事業戦略に役立つ本

『BCG 戦略コンセプト』（水越 豊著／ダイヤモンド社）

『競争の戦略』（M.E. ポーター著／ダイヤモンド社）

『競争優位の戦略』（M.E. ポーター著／ダイヤモンド社）

『ブルー・オーシャン戦略 競争のない世界を創造する』
（W・チャン・キムほか著／ランダムハウス講談社）

『ブルー・オーシャン戦略がわかる本』（中野 明著／秀和システム）

『ポイント図解 儲かる経営戦略立案の手順』（佐伯祐司著／大和出版）

『デルタモデル―ネットワーク時代の戦略フレームワーク』
（アーノルド・C. ハックスほか著／ファーストプレス）

『経営戦略12の方程式』（レビックグローバル著／アスク出版）

『図解入門最新バランス・スコアカード練習帳』（藤井智比佐著／秀和システム）

業務改善に役立つ本

『ザ・ゴール』（エリヤフ・ゴールドラット著／ダイヤモンド社）

『ザ・ゴール 2』（エリヤフ・ゴールドラット著／ダイヤモンド社）

『ザ・キャッシュマシーン』（リチャード・クラフォルツほか著／ダイヤモンド社）

『IDEA HACKS! 今日スグ役立つ仕事のコツと習慣』
（原尻淳一ほか著／東洋経済新報社）

『事例に学ぶ 経営と現場力』（遠藤 功著／ゴマブックス）

『効率が10倍アップする新・知的生産術』（勝間和代著／ダイヤモンド社）

『シックスシグマ』（青木保彦ほか著／ダイヤモンド社）

マーケティングに役立つ本

『コトラーのマーケティング・コンセプト』
（フィリップ・コトラー著／東洋経済新報社）

『コトラー＆ケラーのマーケティング・マネジメント基本編』
（フィリップ・コトラーほか著／ピアソン・エデュケーション）

『マーケティングの基礎とキーワードがわかる』
（安田貴志著／アスカ・エフ・プロダクツ）

『実況 LIVE マーケティング実践講座』（須藤実和著／ダイヤモンド社）

企業会計と経理に役立つ本

『「1秒！」で財務諸表を読む方法』（小宮一慶著／東洋経済新報社）

『決算書の暗号を解け！』（勝間和代著／武田ランダムハウスジャパン）

本書は、２００８年11月に発行された『知的生産力が劇的に高まる最強フレームワーク１００』（小社刊）を元にマンガ化したものです。

■著者紹介

永田豊志（ながた・とよし）

1966年、福岡県出身。知的生産研究家、株式会社ショーケース・ティービー共同創業者兼取締役副社長。リクルートで新規事業開発を担当した後、出版社や版権管理会社などを経て、株式会社ショーケース・ティービーを共同設立 。創業9年目で東証マザーズ上場、10年目で東証一部上場へ導いた。現在は同社の経営全般を指揮しながらも、図解思考、フレームワーク分析などビジネスパーソンの知的生産性研究にも取り組んでおり、国内外で執筆活動や講演でそのノウハウの普及を行う。

著書に『知的生産力が劇的に高まる最強フレームワーク100』（SBクリエイティブ）『頭がよくなる「図解思考」の技術』（KADOKAWA）など多数 。

マンガで身につく フレームワークの使い方がわかる本

生産性が劇的に高まる最強の仕事術

2017年3月24日　初版第1刷発行

著　者　永田豊志
発行者　小川 淳
発行所　SBクリエイティブ株式会社
〒106-0032 東京都港区六本木2-4-5
電話　03-5549-1201（営業部）
印刷・製本　中央精版印刷株式会社
マンガ制作　株式会社サイドランチ
作画　かんようこ
編集協力　江渕眞人
装丁　藤塚尚子（ISSHIKI）
本文デザイン　二ノ宮 匡（ニクスインク）
図版　諫山圭子（いさ事務所）
本文組版　アーティザンカンパニー株式会社
編集担当　木村 文、小倉 碧

ISBN978-4-7973-8814-5